学校の先生が国を滅ぼす

はじめに

この本は、学校における国旗・国歌の指導がどうなっているか、そのありのままの姿を実際の記録を元にまとめたものです。

私は、平成十年四月から十五年三月までの間、二つの公立学校で校長を務めましたが、本書に収録した部分は、大阪府内のある養護学校（仮にB校としておきます）に校長として勤務した十年四月からの三年間の記録が元になっています。

はじめから本にする目的で書いたものではありません。校長の仕事を全うするために、着任直後から毎日の出来事を日記風にしたためてパソコンに打ち込んでいたものです。その中から、主に国旗・国歌に関する部分を取り出し、加除訂正してドキュメンタリー風にまとめました。

この中では、教員と私との生々しいやり取りが会話の形で随所に出てきます。B校に校長として着任した当初は、「話せばわかる」を信条として比較的楽観的に考え、会話の記録まではとっていませんでしたが、私がどんなに道理ある説明をしても、先生たちは耳を貸さず、自分たちの言い分だけを繰り返して議論が一向に前に進みませんでした。

言った言わないのトラブルも生じました。やむを得ず、私は会話の一つ一つまで記録しなければならなくなったのです。職員会議等では、その場でメモをとり、終了後に校長室に戻ってパソコンに打ち込みました。そんなわけで、この本に収めた話の中身は全て事実に基づいています

が、会話の部分は、一字一句この通りであったとまでは言えません。

国旗・国歌の指導は、現在でも教員の反対が根強く、どの学校でも正しく実施するのがとても困難な状況にあるようです。当時のB校も、それはそれは大変でした。

他のことには熱心な先生たちも、国旗・国歌のことになると目の色を変えて反対しました。私がどんなに道理を尽くして話をしても受け付けず、児童生徒に国旗・国歌を指導することを頑として拒否しました。

日本中の学校で、国旗・国歌の指導をめぐってトラブルが起きていることは、報道などでよく知られています。単に昨日今日の話ではありません。何年も何十年も、そして今もこのトラブルは繰り返されています。入学式や卒業式の季節になると、決まってこの問題がニュースになります。平成二十一年三月五日付けの新聞でも、国歌斉唱時に起立しなかった教員が処分された記事が載っていました。

日本人でありながら、日本を象徴する国旗・国歌に反対すること自体が実におかしなことですが、問題の深刻さは、健全な国民を育成することを職務としている公立学校の先生たちが、最も先鋭的に反対していることにあります。

学校の先生たちが、どうして自分の国の国旗・国歌に反対するのか。何を根拠に目の色を変えてまで国旗・国歌の指導を拒否するのか。この本には、その疑問を解くヒントがたくさん詰まっています。

国旗・国歌に反対する動きの根底には、突き詰めてみると、日本という国そのものをひっくり返そうとする左翼イデオロギーがあることがわかります。日本の左翼イデオロギーは共産主義や社会主義を基底にしています。それは、天皇制とともに歩んできた日本の歴史や日本の形を忌み嫌い、日の丸・君が代を天皇に結びつくものとして忌避します。自虐的な暗黒史観に立って日本を貶め、愛国心を敵視するところに顕著な特徴があります。

左翼イデオロギーにかぶれているのは、ほんの一握りの教員に過ぎませんが、この人たちの発言力や行動力は、一般の教員のそれをはるかに凌駕していて、多くの先生たちがそのことに気付かないまま巻き込まれています。今から紹介する私とB校の教員とのやり取りの行間からこのことを読み取っていただき、日本の教育を考えるきっかけにしていただければ幸いです。

もともとこの本は、私が現職の校長であったときに出版するつもりで平成十四年にまとめました。現職の校長が出してこそインパクトがある内容だと思ったからです。

一般に校長は、自分が勤務する学校の問題点を外に向かって語ろうとはしません。それにはいろいろな理由が考えられますが、一つ挙げるとすれば、校長は学校現場の最高責任者であり、語った責任が全て自分に返ってきて、語れば語るほど、自分の首を絞めることになるからです。

しかし、語らなければ、外には何も伝わりません。自分を追い込むことになっても学校の問題点を世間の人に知っていただき、学校改善に役立てたいとの強い思いが当時の私にはありました。残念ながら教育委員会は、私の思いとは裏腹に、ことが公になるのを避けたかったようです。出版の許可は得られませんでした。

このような本を出せば、学校の実情が世間に知られて、教育委員会の責任が問われることになりかねないとの危惧があったようです。

タイトルを「学校の先生が国を滅ぼす」としたのは、学校の先生たちこそが、日本人から日本人としての自覚や誇りを奪い、愛国心を削ぎ落とす役割を果たしている張本人ではないかという思いが私にあるからです。これは、この本で紹介する国旗・国歌の取組を通して私が持つに至った問題意識であり、四十年近く学校教育に携わってきた当事者としての結論であり、自戒でもあります。

登場人物の氏名は、個人が特定されるのを避けるためと、特定の個人のことをあれこれ言うのが目的ではないため、自殺された広島県立世羅高等学校の石川敏浩校長以外は全て仮名にしました。私が勤務した学校名も伏せました。

教育基本法や学校教育法をはじめとして重要な関係法令等は、その後いくつも改正されていますが、この本の中では内容の関係から私が記録した当時のままにしました。

また、本書には、一般の人には耳慣れない、学校でしか使われない言葉がたくさん出てきます。とくに私が教職員に配布した文書の中では、いろいろな関係法令等が出てくるのでわかりづらいと思います。そんな場合はとばしていただいて結構です。ただ、私が教職員に語りかけた姿勢そのものについて感じ取っていただければありがたく思います。

教職員とのやり取りのくだりなどは、同じことの繰り返しで、読んでいてイヤになるかもしれませんが、実は、「同じことの繰り返し」の部分こそ、この本のテーマの一つでもあります。是非読み通していただき、学校が抱える問題の深刻さを読み取っていただきたいと思います。

先の衆議院議員の選挙で、民主党が圧勝しました。これまで日教組をはじめとする左翼系の教職員組合が、国旗・国歌の問題に象徴されるような日本を誹謗し貶める教育を進めてきました。民主党の大勝によって、支持母体の一つである日教組は、ますますその傾向を強めるのではないかと危惧されます。

戦後六十余年が経過し、今や日本は左翼教職員組合の「反日」教育によって国の神髄まで抜きとられてしまった観があります。

昭和二十年の敗戦が日本軍の敗北という物理的な現象であったとすれば、現在の状況は日本精神の没落という本当の意味の敗戦を表していると言ってもあながち間違いではないでしょう。戦争に負けるということはこういうことだったのかとつくづく思い知らされます。民主党の大勝はそれを象徴する出来事だったのかもしれません。

この本が学校教育の改善の一助になることを、願って止みません。

目次

第三章 国旗・国歌法が制定されても

第一章　「職場民主主義」の実態

「君が代なんて、そんな、やらなくていいわよ」

平成十年三月下旬のある日、私はB校校長拝命の内示を受けました。

早速、当時の校長に連絡をとり、引き継ぎ事務を行うことになりました。そのときの校長は、三月末で定年退職する予定の宇都宮京子という女性校長でした。教育委員会の参事（注1）という要職を経て、教頭を経験することなく校長になった女傑でした。障害児学校の校長協会会長を務め、「やり手」との評判が聞こえていました。

引き継ぎの中身は多岐にわたり、五時間近くかかりましたが、入学式や卒業式における国旗・国歌のことも、当然話題になりました。

「国旗は、これまで玄関に三脚で掲揚してきました」

彼女は、国歌斉唱には触れず、国旗掲揚のことだけをこのように説明しました。

「式場には掲揚しないのですか？」

尋ねる私に、「玄関にだけです。本校ではそうすることになっています」とさらりと言いました。

「国歌斉唱はどうなっていますか？」

尋ねると、彼女は顔の半分を横に向け、目線だけを私の方に向けながら意味ありげな微笑を浮かべました。そして、一瞬間を置いて小さく首を傾げ、「君が代なんて、そんな、やらなくていいわよ」と答えました。

教育委員会の要職を務めた人の言葉とも思えず、私は我が耳を疑いましたが、初対面でもあり、突っ込んだ話をするのは憚られて、国旗・国歌に関する会話はこれだけで終わりました。引き継ぎ時のこの短い会話が、あとで私に重くのし掛かることになろうとは、そのときは思いもよらないことでした。

平成十年三月三十日、辞令交付式のあと、新任校長は別室に集められました。教育委員会から国旗・国歌の指導に関わる分厚い資料を渡され、入学式や卒業式等において国旗・国歌の指導を正しく行うようにとの訓令を受けました。教育委員会の言葉には、力が籠もっていました。聞きながら、私は、先日の引き継ぎ時の会話を思い出していました。教育委員会のこの力の入れ具合と宇都宮京子校長のあの言葉とのギャップをどう理解したらよいのか、とても不思議な気持ちでした。

あとでわかったことですが、宇都宮校長は、校長会などでは国旗・国歌の指導を正しく行っているとよく吹聴していたということです。後で実態を知った或る校長は、「えっ」と驚きの声を上げ、「あんなに偉そうに言っていたのに……」と深い溜息をついていました。

当時は、似たようなことが、よく話題になっていました。

実際には国旗掲揚も国歌斉唱もしていないのに、教育委員会や外向けには「した」ことにするまやかしがあちらこちらの学校でまかり通っていた観がありました。

私自身も、教頭時代に苦い経験をしました。入学式の前日、校長に命じられて学校近くのホテルに泊まり、翌朝、まだ夜も明けきらぬうちに学校へ行きました。誰も学校に来ないうちに校舎屋上の物陰に国旗を揚げるためです。その場所は、意識していれば走る電車の窓からほんの一瞬見えますが、事情を知らない人には全く見えない場所です。正規の掲揚台があるにもかかわらずこんな所に国旗を掲揚する意味がどこにあるのか、私は不思議でした。

「国旗をこんな風に扱ってよいでしょうか。堂々と掲揚すべきではないですか」

思いあまって、私は校長に進言しました。校長は、「何を言うのだ」という表情を私に向けて、「いいんや、いいんや」と顔の前で小さく手を振り、「何も粋がって先を走ることはない。学校がもめたらこちらが責められるだけや」と言ったのでした。

よその学校もやっていないのに先んじてやってもめたら大変だ、という意味でした。教員や生徒たちに、入学式や卒業式に国旗を掲揚し国歌を斉唱することの意義を説こうとする気持ちなど全くない様子で、形式的に揚げたことにしてその場をやり過ごそうとする姿勢がありありと見えました。

釈然としませんでしたが、私は、校長の命令によって教育委員会には「国旗を掲揚しました」と報告しました。イヤな気分でした。この学校では、結局、私が教頭を務めた三年の間に、ただの一度も国旗・国歌のことが職員会議の話題になることはありませんでした。

このような状況は、他の学校でも似たり寄ったりだったと推察されますが、各学校から報告を受けたままの数値を教育委員会は「実施率」として発表していたのです。

私が教諭時代に、国旗・国歌の問題が職員会議で話題になったのは、昭和六十年度と六十二年度の二つの学校の二回きりです。

そのときの校長は、私たち教員に入学式や卒業式で国旗を掲揚し国歌を斉唱することの意義を熱心に説きましたが、教員の反対に遭って実施には至りませんでした。その頃の私は、組合活動に疑問を感じて足を洗おうともがいていた時期でもあり、考えがまとまらず、一言も発言することができませんでした。後でこのことを随分悔やみましたが、ともあれ、国旗・国歌が職員会議の話題になったのはこの二校の二回きりでした。初任校では国旗は揚がっていた記憶がありますが、国歌斉唱はありませんでした。その後勤務した学校で入学式や卒業式に国旗掲揚や国歌斉唱をした記憶は皆無です。

にもかかわらず、教育委員会は学校からのまやかしの報告を受けてもっともらしい「実施率」を発表していました。穿った見方かもしれませんが、教育委員会はそんな事情は百も承知で、形だけを取り繕っていたのではないかと私には思えてなりません。なぜなら、教育委員会の指導主事は、全て教員経験者です。学校現場の実情を体験的によく知っていたはずだからです。

学校現場で受けた印象としては、私が教頭になった平成七年度前後から文部省の指導が強くなり、教育委員会も本腰を入れて学校に国旗・国歌の指導をするよう指示を強め始めたような気がします。現場では、校長の多くが「もめごと」を避けて、国旗・国歌に取り組むことをせず、教育委員会も事情を承知の上で、あの手この手の「偽装」が行われていたのだと思います。国旗・

国歌を冒涜し、国を貶める行為が、教育委員会・校長・教員の連携のもとに行われていたと言っても過言ではないでしょう。こんなことで、国を大切に思う気持ちや愛国心、公を尊ぶ生き方などを育む教育ができるはずはありません。それどころか、学校は、国のことや愛国心のことなど一顧だにしない人間を再生産する場であり続けていたのだと言わなければなりません。

組合活動から身を退いた頃から、私は、それまではあまり読まなかった日本の歴史や文化に関する本を読みあさるようになりました。日本の国の成り立ちや歴史を貫いて脈々と流れている日本精神のことを知り、目から鱗が落ちる思いがしました。

校長を拝命したことを契機に、私は、過去の自分を反省する意味も込めて、日本の心を取り戻す教育を進めなければいけないと心底から思いました。

着任を二日後に控え、教育委員会から配布された国旗・国歌に関する資料なども熟読して、私は、B校の先生たちに語る言葉を準備しました。

注1：地方によって異なるが、筆者が勤務した学校を管轄する教育委員会事務局の場合、平成十年当時は課長に次ぐ地位にある要職だった。

異様な職員会議

普通は、四月一日に全職員を集めて校長の着任挨拶が行われるはずですが、B校は変わっていました。一日には職員会議（注1）が開かれず、開かれたのは三日になってからでした。これは、私が着任する前から決まっていたことで、どうにもなりません。さらに驚いたのはその職員会議の異様さです。

私は最初に新着任校長としての挨拶をするつもりでした。ところが、職員会議の議長（注2）は、私に発言をさせようとせず、はじめに議長挨拶をやり、続いて議題の審議に入ろうとしました。私は起って議長を制し、「新着任の校長なので、はじめに皆さんに挨拶をしたい。議題の審議に入る前に挨拶をさせてください」と言いました。

議長は、怪訝な表情をして、「それは…」と短く言うと、議場を見回しました。居並ぶ先生たちの反応を見る様子でしたが、議場の雰囲気を察したらしく、「このまま議事に入ります。校長の話は最後の連絡・報告のところでしてもらいます」と言ったのです。

驚きました。新着任の校長がはじめに着任の挨拶をするのは当然ではないか。この学校の先生たちの常識はどうなっているのか。私は脳天に一撃を喰らった思いがしました。

「黒木先生」

私は、議長の名を呼んで制しました。この先生の名は、前日に教頭から聞いて知っていました。

「それは変ではありませんか。新着任の校長にはじめに挨拶をさせないなんて、考えられません。私は、はじめに皆さんに語りたいことがあります」

私が議場を見渡すと、少しざわめきが起こりました。それは、私の発言に反発する空気を含むものでした。議長は気を良くしたのか、「これは、先日の運営委員会（注3）で決まったことです。職員会議の進行手順は運営委員会で確認されていますので、このまま進めます」と頑として受け付けません。私も退けない気持ちになりました。いや、退いてはいけないと思いました。

「それは間違っています」

私は、声に力を込めました。

「新着任の校長として、はじめに挨拶をするのは当然のことです。学校運営の基本方針を皆さんに披瀝したい」

退かない私に、議長は辟易した表情を見せましたが、議場を見回して、仕方がないという表情になり、「それでは、前例にはありませんが、はじめに校長に挨拶をしてもらいます」と不機嫌に言いました。

私は、この異様としか表現の仕様がない経過と雰囲気の中で、着任の挨拶をしなければなりませんでした。

挨拶の中で、「憲法、教育基本法をはじめとする法規範を守り、民主教育を推進する」という基本姿勢を示すとともに、子どもたちを大切にすることを第一に考えて教育活動を展開することを明確にしました。

国旗・国歌の指導についても触れ、国旗・国歌の指導が学習指導要領に定められた意義などについて説明しました。が、このときは、入学式で国旗を掲揚することだけを表明するに留まり、国歌斉唱については保留しました。先日の引き継ぎ時の宇都宮前校長の言葉と、眼前のこの雰囲気の中では、とても言い出せないと思ったからです。しかし、このはじめの第一歩を踏み誤ったことが、後々国旗・国歌の取組を進める上で私を苦しめ、ひいてはB校の不幸を招くことになりました。

異様さはまだ続きました。

私の挨拶が終わると、「議長！」と呼ぶ声があり、一人の男性教員が起ち上がりました。

「議事に入る前に、お願いします。これは、毎年恒例のことですから」

その教員は手に持った紙を小さく振りました。

「そうでした。どうぞ」

議長はあっさりと発言を認めました。何が始まるのかと思って見ていると、その教員は、紙に印刷された文章を読み始めました。聞いて驚きました。なんとそれは主任制（注4）反対の決議文でした。

その教員が読み終えると、一斉に拍手が起こりました。

なんだこれは！　私はあまりの出来事に呆然とする思いでした。職員会議で、すでに法令等で規定されている主任制に反対する決議をあげるなど、あってはならないことです。横にいる教頭に、「どういうことですか」と尋ねると、教頭は、「毎年のことです。年度はじめの職員会議でこうやって決議をあげるのです」

こともなげにそう言ったのでした。

私は、その場ですぐに起って、職員会議でそのような決議をあげてはいけないことや職員会議は組合集会とは違うことなどを教員に諭すべきでした。しかし、新着任ということもあり、居並ぶ教員の名も顔もわからず、はじめての顔合わせと異様な雰囲気の中で度肝を抜かれ、発言のタイミングを失ってしまったのでした。

「とんでもない学校にやって来たものだ」と思いました。

「先が思いやられる」。そんな予感が私の胸を圧迫していました。

それにしてもです。この学校の歴代校長は何をしていたのか。毎年このような異常行為を認めていたのだろうか。前任の宇都宮校長は教育委員会の参事まで務めた人ではないか。何故このような異常を正すことをしなかったのか。考えれば考えるほど、私は深い闇に引き込まれていく心地になりました。

新着任校長の年度はじめは、分刻みの忙しさでした。ついつい後回しになりましたが、私は、当該教員を呼んで、主任制反対決議の問題点を根拠を示しながら指摘して、そのようなことを二度としないように指導しました。当該教員は、「わかりました」とは言わず、不満そうでしたが、私は、これで来年度はやらないだろう、と楽観していました。先生たちを信じる気持ちが、そのときはまだ強かったのです。

注1：学校の運営に必要なことがらについて相談したり協議したりするための包括的な会議。校長以下全職員が一堂に会して行うが、議会のような議決機関ではなく、校長が招集し、校長が主宰する性格

のもの。職員会議で決まったことは、必ずしも校長を拘束するものではない。
注2：職員会議はいわゆる議会ではないので、「議長」と呼ぶのは相応しくない。本来は「司会」と呼ぶべきだが、おおかたの学校では「議長」と呼んでいる。これは、職員会議を「最高議決機関」だと主張する教職員組合の意識が反映されたものでもある。
注3：一般的に、職員会議を円滑に行うための予備会議のことを指す。職員会議に諮る議題を調整したり整理したりするのが主な役割。
注4：各校務について連絡や調整、指導、助言の任務に当たる役職のこと。昭和五十年に学校教育法施行規則の改正によって制度化された。いわゆる管理職ではなく、職能としての機能を果たす。

国旗掲揚に抗議する教諭たち

四月七日（火）は、私が校長になってはじめて入学生を迎える入学式の日でした。

B校では、段取りは全て前年度に決めることになっていたようで、式次第や式場の配置図はすでに動かしがたいものとして決められていました。国旗を式場の壇上に掲揚することは予定されていませんでした。もちろん国歌斉唱も式次第に入っていません。

私は教頭に事情を聞き、何とかならないか模索しましたが、「今からでは無理です。国旗は、玄関に三脚で揚げることになっています」との返事。

「君が代なんて、そんな、やらなくていいわよ」と言った宇都宮前校長の声も耳底に蘇り、やむなく国旗は玄関に三脚で掲揚することにしました。国歌斉唱は、卒業式に向けて取り組むことにし、入学式ではしないことにしました。

本来であれば、着任したばかりとは言え、新校長の私が方針を明確にして、式場に国旗を掲揚し、国歌斉唱を式次第に入れて行うべきところです。一般社会の常識からすれば、そうするのが当たり前であり、道理というものですが、わかっていながら、私は、一歩足を踏み出すことができませんでした。着任したばかりで、先生たちとの信頼関係もでき上がっていない。無理をして人間関係を壊してはいけない。そんな判断がありました。しかし、この私の判断は、はじめから一歩退いたものであり、後で大いに反省させられることになります。

式が始まる前、私は事務長に命じて国旗を玄関に三脚で掲揚しました。

B校の玄関は、校舎の構造上、児童生徒の通用口から完全に分離されていて、そこを通るのは一部の教職員と外部からの訪問者だけでした。したがって、国旗が掲揚されていても、児童生徒は基本的に気付かない場所でした。こんな場所に国旗を掲揚しても、教育上意味があるとはとても思えません。妙な気持ちでしたが、その直後に、分会長（注1）の坂田教諭がいきなり校長室にやって来ました。

「国旗を掲揚したことに抗議します」

怒った顔で、坂田教諭は私を睨み付けました。これが、彼とはじめて対峙した瞬間でした。

「抗議？　抗議を受けるようなことはしていませんが……」

私が言うのも構わず、彼は持参した抗議文を読み始めました。一気に読み終えると、抗議文を私の机上に置き、部屋を出て行きました。問答無用のやり方でした。

抗議文には、次のようなことが記されていました。

①職場の民主主義を守るという立場から、職員会議の決議事項を守り、手続きを踏まないで「日の丸」を掲揚することのないよう申し入れを行ってきた。

②にもかかわらず、学校長は本日の入学式において、職員の意向を踏みにじって「日の丸」を掲揚した。

③「最初の授業」であるはずの教育内容に不当に介入してくるものであると同時に、職場の民主主義を蹂躙《じゅうりん》しているという点において、とうてい容認できない。

④憲法・教育基本法で保障された「教育の自主性」を学校長自らが放棄するものであり、去る四月三日の職員会議での学校長の所信表明とも矛盾したもので、公教育の現場にあるまじき行為である。

⑤本来、職員の合意形成に努めて円滑な学校運営を行うことが職務であるはずの学校長が、自らその規律を乱して、かつ職務権限を逸脱してまで「日の丸」を掲げたことに対して怒りを表明し、職員の意向を尊重して、誠意をもって民主的な学校運営に努力するよう、抗議する。

いずれも一方的な思い込みによる断定の羅列です。事実認識にも基本的な誤りがあります。それに、礼儀をわきまえないやり方もさることながら、組合分会の名で管理運営事項に関して校長に抗議文を手交するようなことは、正当な組合活動とは言えません。勤務時間にこのような組合活動をすることも認められないことです。私は、いずれ早いうちにきちんと指導しなければいけないと思いました。

入学式は平穏に終わりました。来賓をお送りして一息ついていた正午過ぎに、分会書記長の吉田教諭が校長室にやって来ました。彼は翌年から分会長を務め、私とことごとく対立していくことになる人物です。当時は何事かと思っただけでしたが、彼は、「校長、いつまで日の丸を揚げているんですか。ボチボチ降ろしてはどうです」とだけ言うと、こちらが何も言わないうちにさっさと部屋を出ていきました。

とても横柄な態度でしたが、私は、「ことを荒立てることもない。いつかじっくり話す機会があるだろう。話せばわかることだ」と楽観的に考えていました。

四月十五日（水）、私は分会役員を呼んで、分会の「抗議文」の問題点を一つ一つ指摘し、彼らの主張の誤りを明確にしました。彼らは、私の説明に何一つ反論できませんでしたが、納得もしませんでした。

次に国旗・国歌が話題になったのは、四月二十二日（水）の職員会議でした。

教職員らでつくる卒業式委員会から、先日の入学式を踏まえて「申し送り事項」という文書が提出されました。その中に「日の丸は、委員会案通り飾らないようにお願いします」との文言がありました。私は次のように述べました。

「入学式や卒業式等において国旗を掲揚し国歌を斉唱することは、学習指導要領で定められていることでもあり、申し送り事項にこのようなことを書くのは適正ではありません。卒業式や入学式の時期がくれば、改めて議論をお願いしたいと思います」

これに対して、数名の教員から分会の「抗議声明」とよく似た意見や、入学式の日に国旗を玄関に掲揚した私を非難する意見が出されましたが、私は、一つ一つに根拠を挙げて説明し、必要な範囲で反論もしました。

教員からの質問に答える形で、私は、リレハンメルオリンピックの会場で優勝した国の国旗が掲揚され、国歌が演奏されているとき、日本の記者団や選手団の一帯だけが起立をせず、国際的なひんしゅくをかった例を挙げながら、国旗・国歌の指導の意義と重要性について次のように説明しました。

「我が国の文化や伝統を尊重するだけでなく他の国の文化や伝統も大切にする気持ちを育てること、そしてその一環に位置づけて、自国の国旗・国歌を大切にする気持ちを育て、他の国の国旗・国歌も大切にする気持ちを育てる取組を進めることが求められています。学習指導要領に国旗・国歌の指導が盛り込まれたのもそのためです」

議論は短い時間で終わりました。この段階で、私にはまだ、「話せばわかる」との思いがありました。

注1：ここで言う「分会」とは、教職員組合の傘下にある各学校の教職員組合のこと。したがって分会長とは、各学校の教職員組合長のことを指している。

「職場合意を守れ」

国旗・国歌の話題は、秋も終わりに近い十一月十六日の運営委員会までありませんでした。その間は、国旗・国歌が職員会議等で話題になることはなく、平穏に事が進んでいました。子どものことを大切に思う教員が多く、日常の授業をはじめ運動会や遠足、社会見学などの教育活動はとても活発でした。

ところが、この日の運営委員会で、卒業式委員会から卒業式実施計画が提案され、その中に、「日の丸は掲揚しない」とあったのです。私は、卒業式委員会委員長で、組合では分会役員を務めていた中田という女性教諭に次のことを求めました。

①四月二十二日の職員会議で、「入学式や卒業式等において国旗を掲揚し国歌を斉唱することとは、学習指導要領で定められていることでもあり、申し送り事項にこのようなことを書くのは適正ではない。卒業式や入学式の時期がくれば、改めて議論をお願いしたい」と私が明確に述べているのに、このようなことを事前に相談もなく行うことは間違って

いる。職員会議に提案するときには、「日の丸は掲揚しない」は削除してもらいたい。国旗・日の丸は、子どもたちの作品が式場の壁面を覆っていることに配慮し、式場の壇上に三脚で掲揚する形をお願いしたい。

② 本来は、式次第の中に「国歌斉唱」を入れてもらいたいところだが、すでに式次第の案が委員会を経てできていることを考慮尊重し、今度の卒業式に限り、式次第の前に国歌・君が代の曲を流す形でお願いしたい。

この私の姿勢は、本来の在り方からすれば腰の退けたものです。はじめにきちんとした姿勢を示すことができなかったことを悔やんでも悔やみきれませんが、当時のB校の雰囲気はなまやさしいものではなかったことも確かです。

私が示した「お願い」に対して、中田教諭をはじめ運営委員会のメンバーから教員としての常識を疑わせるような発言が続きました。彼らは、校長と教員とは、対等な関係にあるとの認識に立っていました。発言の中身を整理すると、次のようになります。

「お願い」という形で、卒業式委員会の案を変えようとするのか。本校ではこれまで、委員会が検討した案を職員会議にかけて決定する手順を踏んで事を進めている。委員会の案に対してそれと異なる考えを校長が持っているのであれば、職員会議の場で「修正案」を提出し、職員会議に諮ればよいではないか。本校ではこれまで、入学式や卒業式に「日の丸」や「君が代」は要らないことを確認し、職場の合意ができている。校長は、職場の合意を守るべきだ。

これには、問題点が四つあります。

一つは、校長の職務上の権限に対する無理解です。二つは、校長に「修正案を出せ」と言っていることです。三つは、学習指導要領に定めてあることを「必要ない」と決めていることです。四つは、校長に「職場合意」を守れと言っていることです。B校教員のこの認識は、後々まで尾を引くことになりますが、そのときは、説明すればわかってもらえると高を括っていました。

私は大筋で次のように説明しました。

校長は学校運営の最高責任者だ。職員会議は、校長が招集し、主宰するものであって、校長の補助機関としての性格を有するものである。校長が、「案」に対して「修正案」を出すというのは、校長の職務上の立場と職員会議の性格になじまない。校長が職務上の必要に基づいて出す「お願い」は、職務上の命令としての性格を有するものであると理解してもらいたい。学習指導要領に定めてあることを、「必要ない」と職員会議が決めること自体、適正を欠くものである。

「職場の合意」と言うが、その「合意」には校長も含まれているのか。少なくとも私は合意していない。職員会議は、学校運営上大切な機能を持つものであり、そこで審議し決定したことを校長が尊重するのは、原則として当然のことである。これまで職員会議の決定を、私はことごとく尊重してきた。だが、職員会議の決定は、その性格上、校長を拘束するものではない。職員会議の決定内容が校長の判断に比べて譲歩できないほど大きく食い違うときには、校長は学校運営上の責任において自らの判断を貫かなければならないこともある。

私の説明に、運営委員会のメンバーは「何を言っているのだ。とんでもないことを言う校長だ」とでも言いたそうな顔をしました。おそらく、はじめて耳にしたことだったのかもしれません。

私は、資料を整えて話をすればわかってもらえるだろうと思い、準備することにしました。校長会で配布された資料や広辞苑、教務実務提要、教育小六法などを参考にして、資料を作りました。実際には新聞記事の切り抜きを添付し、A四判五枚表裏のボリュームになりました。私がB校の教職員に配布した最初の文書です。その一部を抜粋して紹介します。

職員会議資料①

《世論調査》

朝日新聞（昭和六十年十月）

「（日の丸が）国旗としてふさわしいと思う」八四％

「（君が代が）国歌としてふさわしいと思う」六八％

毎日新聞（平成二年四月）

新学習指導要領による義務化について

「賛成、どちらかというと賛成」七三％

読売新聞（平成四年五月）

「賛成、どちらかというと賛成」

国　旗　七九％

国　歌　七五％

《関係用語》

▼慣習法

慣習に基づいて成立する法。法的効力を有する慣習。慣習が社会の法的確信を伴うに至ったと

きに成立し、そこまでには至らない「事実たる慣習」と区別される（有斐閣法律用語辞典百八十八ページ）

▼日本国憲法

第一条　天皇は日本国の象徴であり日本国民統合の象徴であって、この地位は、主権の存する日本国民の総意に基く。

▼校長の校務掌理権

学校教育法第二十八条第三項　校長は、校務をつかさどり、所属職員を監督する。

▼学習指導要領の法的拘束力

学習指導要領そのものは、文部大臣公示であり、いわゆる法律ではないが、学校教育法第四十三条によって高等学校の学科及び教科に関する事項は監督庁（同法第百六条第一項によって文部大臣を指す）がこれを定める、と規定され、これを受けて、学校教育法施行規則第五十七条は、高等学校の教育課程は、別表第三に定める各教科に属する科目及び特別活動によって編成するものとする、と規定し、さらに同規則第五十七条の二は、高等学校の教育課程については、この章に定めるもののほか、教育課程の基準として文部大臣が別に公示する高等学校学習指導要領によるものとする、と定めている。したがって、学習指導要領は法律を補完するものであり、実質的には法規としての性格を有し、法的拘束力を持つのである。このことは、伝習館訴訟や家永教科書訴訟に関する最高裁の判例等によっても、もはや明確になっている。

▼旭川学力テスト事件最高裁判決（昭和五十一年五月二十一日）

学習指導要領は、大綱的基準にとどめるべきであるが、文部大臣は教育の機会均等を確保するため、学校教育法に基づいて教育の内容や方法について必要かつ合理的な基準を設定することができる。

▼府立東淀川高校事件判決（平成八年二月二十二日）

日の丸掲揚の強制は違憲で処分は不当として四百万円の損害賠償を求めたが、日の丸掲揚指導を定めた学習指導要領は必要かつ合理的で、府教委が掲揚を妨害した二人を処分したのは裁量権の乱用とは言えないとして原告の訴えを棄却した。

判決文は次のように述べている。

「国旗掲揚条項は教育の内容、方法に関するものではあるが、その内容は、許容される目的のために法令に適合した必要且つ合理的なものというべきであり、少なくとも学校教育法四十三条、同施行規則五十七条の二に定められた委任の範囲を越えているものと認めることはできない」「国内においても『日の丸』を国民統合の象徴として日本の国旗であると見ることについては、大多数の国民の賛成同意を得ている現実があり、（中略）慣習法が成立しているというべきである」

「議論」の意味の取り違え

十一月二十五日（水）は、職員会議でした。私は、準備した資料を全員に配布しました。運営委員会で述べたことを全員に説明するとともに、次のように述べました。

「これまで、本校では国旗・国歌について校長と教職員とが議論をあまりしてこなかったようなので、理解を深めるための十分な議論をお願いしたい」

私の言う「議論」とは、国旗・国歌について正しい認識を持つための議論であり、学習指導要領が入学式などで国旗を掲揚し国歌を斉唱するよう指導することを定めたことの意義を理解するための議論です。宇都宮前校長との引き継ぎでは、B校でそのような議論が行われてきたとはとても思えなかったため、あえてこのようなことを述べたのでした。

これに対して、教職員からは、「議論をしてこなかったというのは当たらない。これまで十分に議論をし、本校の子どもたちの教育を考えて入学式や卒業式に日の丸や君が代は必要ないことを確認して、現在のような式にしてきた経緯がある」との反論がありましたが、教職員が「した」という「議論」と私が求めている「議論」の意味と内容に齟齬《そご》があるような気がしました。

教職員からは、入学式に国旗を掲揚した私を批判する意見も随分出ました。分会の「抗議声明」と根は同じものです。私が配布した資料など、目に入らぬ様子でした。

私は、彼らの意見の一つ一つに答えました。根拠を挙げながら説明し、必要な範囲で反論もしましたが、とりわけ次のことがらについては説得に努めました。これは、分会の「抗議声明」に対する私の回答でもありました。

①入学式や卒業式において、国旗を掲揚し国歌を斉唱することの教育的な意義
②学習指導要領の法的拘束力
③職員会議の役割と法的な性格
④校長の職務上の立場と権限、教育公務員の身分上及び職務上の立場
⑤法治国家日本における公立学校の組織運営の基本、憲法・教育基本法をはじめとする教育法令の意義と仕組み

しかし、彼らは、全く受け付けませんでした。校長が教職員に対して職務上行う「お願い」の意味を理解しようとせず、「校長は修正案を出して職員会議に諮るべきだ」との主張を繰り返すばかりでした。私は、やむを得ず、運営委員会で説明したことと同趣旨のこと、つまり、「お願い」とは職務命令の性格を有するものであることを説明せざるを得なくなりましたが、これに対しても、「校長は職務命令で『日の丸』『君が代』を押しつけるのか。議論してほしいと校長は言うが、職員会議の合意を守らず『日の丸』『君が代』を押しつけるのなら議論しても仕方がないではないか」などと反発する有様でした。

私は、校長の職務上の立場や権限、職員会議の性格、公立学校の民主的運営の基本、国旗・国

歌の指導の必要性などについて重ねて説明し、このようなことがらについて理解を深めるためにも議論をすることの大切さを訴えました。

職員会議が終わろうとするときに、年配の岡本教諭から次のような質問が出されました。

「国歌演奏のとき、起立しない職員がいた場合、校長は、職務命令違反ということでその職員を処分するのですか」

これに対して私は、概ね次のように答えました。

「『お願い』の意味について説明せざるを得なくなり、『校長が職務上所属職員に対して発するお願いは、職務命令の性格を有する』と言いましたが、威圧的に職務命令を発して、それに違反する者を処分するぞという趣旨ではありません。『お願い』の法的性格について説明したに過ぎません」

職員会議は「国旗・国歌に関する議論を平成十一年二月の職員会議まで継続して行う」ことを確認して終わりました。私は、事情の許す限りいつでも教職員との話し合いに応じることを約束しました。

二日後の十一月二十七日（金）、分会長の坂田教諭が校長室へやって来ました。職員会議で配布した資料の出典について苦情を言うのが目的でした。

彼は、「出典の示し方がおかしい」「資料としての信憑性に欠ける」などとクレームをつけました。特に学習指導要領の法的拘束力の説明については、「これは校長の個人的な見解ではないか」

と食い下がりました。私は、法令や判例などに基づいて説明していると答えましたが、彼は、「納得できない」と言って出ていきました。素直な気持ちで普通に読めば簡単に理解できることでも、彼は、このように受け付けようとしないのでした。

一方で、B校は、PTAの取組がしっかりとでき上がっていました。毎月役員会が開かれ、それに基づいて実行委員会も開かれて、子どもたちのためのバザーを開催したりグラウンドの草取りをしたりといったことがよく行われていました。

卒業式が近くなり、職員会議で教職員に国旗・国歌の議論を提起していることもあって、私は、PTAの理解をお願いすることにしました。十二月一日（火）のPTA役員会及び実行委員会において、次のような話をしました。

① これまで本校では、入学式や卒業式において「国旗を掲揚し国歌を斉唱する」ことをしていませんでしたが、本年度の卒業式から実施したいと考え、現在職員会議等で議論をしているところです。戸惑いや混乱なく実施したいと考えていますので、よろしくご理解のほど、お願いします。

② このことについて、ご質問やご意見がありましたら、何なりとお出しください。

③ 入学式や卒業式に国旗を掲揚し国歌を斉唱するよう指導することは、学習指導要領で定められていることでもあり、職員会議で反対があったからといってやめるという性質の

ものではありません。この点もご理解をお願いします。

ヒステリックな反発のはじまり

校長が学校運営に関わる大切な問題をPTAに説明して協力を求めるのは、極めて当たり前のことですが、B校の教職員たちにとっては許せないことだったようです。このPTA役員会・実行委員会の直後から、ヒステリックな反発が返ってきました。まず、この日の夕刻に、分会が「話がある」と校長室にやって来ました。分会は、次のように私に抗議しました。

①職員会議でまだ結論が出ていないのに、「実施する」ことを前提に話したのはけしからん。

②我々の了解もなく、勝手に、一方的に保護者に話をし、協力を求めるとは、アンフェアである。我々も保護者に我々の考えを述べてもいいのか。

③校長は「混乱なく行うために」と言うが、校長こそ混乱を持ち込んでいる。保護者のなかには外国籍の人や「日の丸」「君が代」に反対している人もいる。苦情が出たらどうするのか。

これに対して、私は次のように説明しました。

校長は教員とは立場が異なり、学校運営全般に意を配りながら対応しなければならない。学校運営上の必要に基づいて、保護者に理解を求めなければならないと判断して、話をした。これまで実施していないことをはじめて実施しようとしているのであり、戸惑いや混乱が生じないよう、保護者に説明し、理解を求めるのは、校長として当然である。

保護者から苦情等が寄せられた場合は、私が対応するので、こちらに案内してもらいたい。

保護者からの相談などには十分に耳を傾けてもらいたいが、学校運営の基本に関わることについて、個々の教員が「校長はこう言っているが、自分は反対だ」などと言ってはいけない。そのようなことを言えば、混乱の元になる。

分会は、私の説明に納得しませんでした。彼らの頭の中には、校長と教職員は対等だという思いが抜き難くあって、職員会議で結論が出ていないのに国旗・国歌を実施すると校長が説明したのはけしからん、の一点張りでした。彼らは、学習指導要領で実施することが決められていることでも、自分たちの判断でどうにでもなると考えていました。そのため、学習指導要領の規定を守って実施するのは校長の職務であることが理解できず、実施を前提にＰＴＡに協力を求めたことも理解できないのでした。

この場でも、あの「抗議声明」と同じ観点から彼らは私を責めました。十一月二十五日の職員会議で私が縷々《るる》説明したことなど、彼らの頭には全く入っておらず、どんなに説明しても、彼らは同じ言葉を繰り返すばかりで、議論は途中から堂々巡りになりました。この話し合いの席で分会執行委員の川村教諭が、B四判三枚に及ぶ「国旗・国歌反対と校長への質問」を私に手交しました。その内容は、ほとんど組合の資料から抜き出して作ったもので、これまで、私が基本的に回答したことばかりでした。私は、分会が私に提出した文書だと思って受け取りました。

十二月十日（木）、分会は、また「話し合い」を求めてきました。もっとも分会はいつも「話し合い」とは言わず「校長交渉」と言いますが、これは間違っています。組合が行う当局との「交渉」は、地方公務員法で厳密に定められていて、校長がその当局に該当することはほとんどありません。校長が分会との話し合いに応じるのは、相互理解を深めてスムーズに学校を運営するためのいわば善意に基づくものなのです。分会が「交渉」を求めてくるたびに私はこの話をしましたが、彼らは「交渉」だと言って改めようとはしませんでした。

話し合いの席で、私は、川村教諭から受け取った文書への回答書を手渡しました。これは、「国旗・国歌Q＆A」と題するA四判二十四枚に及ぶもので、分会が示した疑問点の全てに法的な根拠を明示して答えたものです。この日の議論は、この文書に沿って行いました。「国旗・国歌Q＆A」の内容は、次の通りです。（一般の人にもわかりやすくするために少し加筆修正や削除を行いました）。

国旗・国歌Q＆A

《質問》　次のような「文部省・教委との確認」をどう考えるか。

▼組合が教委と確認（平成三年七月八日）

「教育課程の編成権は各学校にあること」

「教育内容への命令・強制はなじまない。教育行政の役割は強制でなく指導、助言の範囲であること」

▼全教（全日本教職員組合）が文部省と確認（平成四年四月三日）

「学習指導要領は大綱を示すものだ」

「（教育課程は）学校でつくられる。よってそれぞれであり、一律にこうすべきとはいえない。学校の実状に応じ、通用しやすい形でとりくむのが基本だ」

▼「子どもと教育・文化を守る国民会議」が文部省と確認（平成四年三月四日）

「（指導書は、）指導要領の解釈を示したもので拘束力はない」

《回答》　校長は、組合が当局と確認したことについて、コメントする立場にはない。

《質問》　国旗焼き捨て事案に関わる那覇地裁判決（平成五年三月二十三日）と東淀川高校事案に

関する大阪地裁判決（平成八年二月二十二日）との違いはどこにあるか。

《回答》　那覇地裁判決について、組合資料では、次のように述べている。

『一九九三（平成五）年三月二十三日の那覇地裁判決は、「日の丸」について、「多数の国民が国旗と認識している」としつつも、「法制上、国旗とする規定は存在しない」「国民一般に何らの行為も義務づけてはいない」として、その掲揚は国民の自由意志に任されていることを認めています』

組合資料のこの引用部分は、検察官が公訴事実として述べた中の「国旗」と称するものが、我が国にあるのかどうかの判断をめぐって争われた部分の判決文に関するものである。当該の判決文は、法制上は国旗とする規定はないが「日の丸旗」はわが国の「国旗」であると明確に判示したものであって、組合の資料は、判決文の中から自分たちに都合のよい部分だけを摘み食いしたものであり、判決の趣旨から外れた恣意的な引用となっているように思われる。

判決文の当該部分を示すと次の通りである。

『国旗という用語は、法律等により国家を象徴する旗として用いるべきものと定められた旗をいう場合もあるが、この場合に限らず、事実上国民の多数により国家を象徴する旗として認識され、用いられている旗をいう場合もある。現行法制上、日の丸旗をもってわが国の国旗とする旨の一般的な規定が存しないことは弁護人が指摘するとおりである。しかし、船舶法等では、一定の船舶に国旗を掲揚すべきことなどが定められており、その場合に国旗として用いるべき旗については商船規則（明治三年一月二十七日太政官布告第五十七号）に基づき、あるいは当然の前提として日の丸旗を指していると解される。このように日の丸旗は、国際関係においては、他国と識別するために法律等により国旗として用いるべきことが定められているといえるが、他方、国内関係において国民統合の象徴として用いる場合の国旗については何らの法律も存せず、国民一般に何らの行為も義務づけていない。しかし、現在、国民から日の丸旗以外に国旗として扱われているものはなく、また、多数の国民が日の丸旗を国旗として認識して用いているから、検察官が公訴事実において器物損壊罪の対象物として記載した「国旗」とは「日の丸旗」を指すと認識でき、訴因の特定、明示に欠けるところはない』

また、大阪地裁（東淀川高校事件）判決（平成八年二月二十二日）では、学習指導要領には法的拘束力があること、日の丸旗がわが国の国旗であること、校長は職員会議の決定に拘束されないこと、国旗掲揚は学習指導要領に定められていることであって職員会議の多数決にはなじまないものであること、国旗の掲揚は個人の信条に係わる行為を強制するものではないこと、などが明らかにされている。

《質問》 国旗・国歌の「押しつけ」は教育基本法第十条に反しないか。校長は教諭の「教授の自由」（教育の自由）に立ち入ることができるか。

《回答》 平成十年一月二十日　鯖江中学事件大阪高裁判決では、「国旗掲揚条項の法的効力の有無」や「国旗掲揚条項の法的効力」について次のように判示している。

1国旗掲揚条項の法的効力の有無

①学習指導要領の法的効力の有無

憲法の精神である、民主的で文化的な国家の建設、個人の尊厳の実現を目的として制定された教育基本法は、十条において、教育行政の目標を教育の目的の遂行に必要な諸条件の整備確立に置き、教育の自主性尊重の見地から、不当な支配となることのないように配慮すべき義務を課しており、したがって、教育行政機関がその整備確立のための措置を講ずるにあたっては、不当な介入は厳に排除されるべきものではあるが、許容される目的のために、必要かつ合理的な範囲であるならば、たとえ教育内容及び方法に関するものであっても、これを決定することは、必ずしも同条の禁止するところではないと解される。本件学習指導要領は、右教育目的の遂行に必要な諸条件の整備の一環として、文部大臣が中学校の教科に関する事項を定める権限に基づいて、普通教育に属する中学校における教育の内容等について基準を定めたものを告示したものであって、(学校教育法三十八条、百六条一項、同施行規則五十四条の二)、法的効力を有するといえる。

2国旗掲揚条項の法的効力

①国旗掲揚条項は、教育の内容、方法について規定するものであるところ(中略)その趣旨は、日本人としての自覚を養い、国を愛する心を育てるとともに、生徒が将来、国際社会におい

て尊敬され、信頼される日本人として成長していくためには、生徒に国旗に対して正しい認識を持たせ、これを尊重していく態度を育てることが重要であること、入学式、卒業式には、学校生活に有意義な変化や折り目をつけ、厳粛かつ清新な雰囲気の中で、新しい生活への動機付けを行い、学校、社会、国家などの集団への所属感を深める上でよい機会となることから、このような意識を踏まえた上で、これらの式典において、国旗を掲揚するように指導するものとしたことが認められる。国旗掲揚条項の右趣旨は、憲法の精神を受けた教育基本法一条にいう教育の目的に反するものとは言い難く、その性質上、全国的になされることが望ましいものであるから、これを学習指導要領の一条項として規定することは、教育における機会均等の確保と全国的な一定の水準の維持という目的のために、必要なものということができる。

②（中略）日の丸を巡る客観的な歴史的事実等を含め、教師による国旗についての創造的、かつ弾力的な教育の余地や、地方ごとの特殊性を反映した個別化の余地は十分に残されていると認められる。以上の点から考えると、国旗掲揚条項は、前記大綱的基準を逸脱するものとはいえず、教育基本法十条に抵触せず、法的効力を有すると解される。

▼教育の自由

最高裁大法廷判決（昭和五十一年五月二十一日）は次のように判示している。

大学教育の場合には、学生が一応教育内容を批判する能力を備えていると考えられるのに対し、普通教育においては、児童生徒にこのような能力がなく、教師が児童生徒に対して強い影響力・支配力を有することを考え、また普通教育においては、子どもの側に学校や教師を選択する余地が乏しく、教育の機会均等をはかるうえからも全国的に一定の水準を確保すべき強い要請があること等に思いをいたすときは、普通教育における教師に完全な教授の自由を認めることは、とうてい許されないところといわなければならない。

宮崎地裁判決（昭和六十三年四月二十八日）は次のように判示している。

▼校長の決定

教育活動に主眼のある下級の教育機関について、憲法上、大学の自治に相応する教育の自治が保障されているとまでは解することはできず、また、全校的教育事項に限ってみても、校長が職員会議等において教師多数の意見を尊重するのが望ましいということは言えるにせよ、専門家である教師の多面的討議の結果を慎重に検討したうえで、教育専門職である校長において最終的な決定をなすことが、憲法及び教育基本法等の趣旨に反するとまでは解することはできない。

《質問》 本校のこれまでの経過に即したやりかたか。

《回答》 一部教職員は次のように主張している。

『職員会議は（最高）議決機関である。職員会議で決まったことは、「職場の合意」であり、校長もこれに従わなければならない。そうすることが職場民主主義である。教員には「教育をつかさどる」という独立した職務権限（「教授の自由」）があり、校長といえどもこれに介入することはできない。入学式は子どもにとって最初の授業であり、卒業式は最後の授業である。入学式も卒業式も教員が独立の職務権限に基づいて行う授業の一つであって、校長はその内容に立ち入ることはできない』

私は、次の理由により、右のような主張は基本的に間違っていると考えている。

学校運営の最終責任者は「校務掌理権」を有する校長である。職員会議は校長の補助機関としての性格を有し、校長の包括的な校務掌理権の内側にある。職員会議は校長が招集し主宰するものであって、職員会議の決定は必ずしも校長を拘束するものではない。職員会議は、我が国の国会のような「議決機関」ではない。校長は職員会議で決まったことは尊重するが、職員会議において決められたことが校長の判断と譲歩できないほど大きく食い違うときは、校長は学校運営上の責任において自らの判断を貫くこともある。国旗・国歌の問題はその一つの典型である。教諭の「教育をつかさどる」という職責は、教諭に備わった独立の職務権限ではなく、校長の包括的な校務掌理権の内側にあるものである。教育の内容に関わることであっても、教員は校長の指示、指導、命令等の監督には服さなければならない。教育内容に直接関わる教科書や補助教材としてのワークブックやプリント教材に至るまで、すべて校長の決裁を必要とする性質のものである。B校は公立の学校であり、公立学校としての組織運営上の基本的ルールは守られなければならない。

《質問》 子どもの権利条約第十四条はどう守られるのか。

《回答》 まず、子どもの権利条約第十四条は、「思想・良心・宗教の自由」について次のように定めている。

①締約国は、思想、良心及び宗教の自由についての児童の権利を保障する。

②締約国は、児童が①の権利を行使するに当たり父母及び場合により法定保護者が児童に対しその発達しつつある能力に適合する方法で指示を与える権利及び義務を尊重する。

平成六年五月二十日　当時の坂元文部事務次官は次のように述べている。

『本条約は、世界の多くの児童（十八歳未満）が、今日なお貧困、飢餓などの困難な状況に置かれていることにかんがみ、世界的な視野から児童の人権の尊重、保護の促進を目指したものであります。本条約は、基本的人権の尊重を基本理念に掲げる日本国憲法、教育基本法並びに我が国が締約国となっている「経済的、社会的及び文化的権利に関する国際規約」及び「市民的及び政治的権利に関する国際規約」等と軌を一にするものであります。（中略）学校における国旗・国歌の指導は、児童生徒等が自国の国旗・国歌の意義を理解し、それを尊重する心情と態度を育てるとともに、すべての国の国旗・国歌に対して等しく敬意を表する態度を育てるためのものであること。その指導は、児童生徒等が国民として必要とされる基礎的・基本的な内容を身につけるために行うものであり、もとより児童生徒等の思想・良心を制約しようというものではないこと。今後とも国旗・国歌に関する指導の充実を図ること』

《質問》　学習指導要領をどう考えるのか。

《回答》　学習指導要領は、公教育を担う学校の、国定の大綱的教育課程基準である。第百十六回国会（平成元年十月六日）参議院において、当時の海部俊樹国務大臣は次のように述べている。

『学習指導要領は、全国的に一定の教育水準を確保するとともに、実質的な教育の機会均等を保障するため、国が学校教育法に基づき教育課程の基準として定めているものでありまして、いずれの学校においてもこれに従っていただいております』

北海道旭川学テ事件の最高裁判決（昭和五十一年五月二十一日）について、組合資料は、次のように述べている。

『学習指導要領の法的拘束性を争点に争われた「旭川学テ裁判（北海道旭川永山中学テ阻止事件）の最高裁判決は、「法的拘束力をもって地方公共団体を制約し、又は教師を強制するのに適切でない」と明確な判断を示しています』

しかし、これは、判決の趣旨から外れた恣意的な引用のように思われる。判決文の当該部分を示すと次の通りである。

『……教師を強制するのに適切ではなく、また、はたしてそのように制約し、ないしは強制する趣旨であるかどうか疑わしいものが幾分含まれているとしても、右指導要領の下における教師による創造的かつ弾力的な教育の余地や、地方ごとの特殊性を反映した個別化の余地が十分に残されており、全体としてはなお全国的な大綱的基準としての性格をもつものと認められるし、また、その内容においても、教師に対し一方的な一定の理論ないしは観念を生徒に教え込むことを強制するような点は全く含まれていないのである。それ故、上記指導要領は、全体としてみた場合、教育政策上の当否はともかくとして、少なくとも法的見地からは、上記目的のために必要かつ合理的な基準の設定として是認することができるものと解するのが、相当である』

平成八年二月二十二日　大阪地裁東淀川高校事件判決でも、学習指導要領は「教育における機会均等及び全国的な一定水準の維持を図るために設けられた大綱的な基準である」と判示されている。

第百十六回国会衆議院文教委員会において、平成元年十一月二十九日、嶋崎委員の質問に対して、政府側（菱村委員）は次のように答弁している。

『昭和五十一年の最高裁判決が出ました後、伝習館高校の高裁の判決が昭和五十三年に出ておりますが、そこでもはっきりと、この学習指導要領の効力について考えるに法的拘束力を有するものと言うことができるというふうに明確に判断しているわけでございまして、形式は告示でございますが、その内容は学校教育法の委任を受けました省令、さらにそれの復委任を受けました告示が、この法的拘束力といいますか法規命令たる性格を持つということは明らかになっているというふうに理解しております』

《質問》 入学式や卒業式などにおける国旗掲揚・国歌斉唱は民主教育に反しないか。民主教育をどう考えるか。

《回答》 国旗・国歌の指導は、民主教育に反するものではない。我が国の教育は、憲法、教育基本法、教育関係法令等に基づいて行われており、国旗・国歌の指導も、法的拘束力を有する学習指導要領に基づいて行われている。「民主教育に反する」などと言われる理由は全くない。

《質問》 管理強化、校長権限の強化を考えているのか、運営委員会規定改定も権限強化の現れではないか。

《回答》 何をもって「管理強化」・「校長権限の強化」というのかわからない。私は、法令等に定められた校長の職務権限に基づいて、学校運営を行おうとしているだけである。

運営委員会に限らず学校運営に必要な諸会議は、全て校長の包括的な校務掌理権の内側にあるものである。校長を他の教職員と同等の立場にあるものとして捉え、運営委員会の一構成員に位置づけるのは正しくない。

《質問》入学式や卒業式に国旗・国歌をやらない学校がある。校長の判断でやらないこともできるのではないか。

《回答》学習指導要領に規定されていることを実施するのは、校長の職務上の責務である。

《質問》「君が代」の「君」は天皇を指すのではないか。

《回答》「君が代」は、歌詞の本歌《もとうた》は、古今和歌集の第七巻に収められていた一首であり、詠み人知らずの歌である。本歌の発句は、「君が代は」ではなく「我が君は」であり、「君」が誰を指すのかは定かではない。詠み人のお仕えする主人であったかもしれず、また、詠み人の恋人であったかもしれない。

広辞苑によると、古語では、「君」は男性が自分よりも優越した女性を呼ぶときに用いた言葉であると言われている。女性が男性を親しみを込めて呼ぶときにも用いたとも言われる。もちろん「君」は、「人の上に立って支配する者」を指す場合もあり、この場合は、「国家元首、帝王、君主」を指す。

このほかに「君」には様々な用法がある。「君が代は」となったのは、和漢朗詠集一写本が始まりと言われており、近世以降、祝賀の歌詞として親しまれてきたもののようである。明治になって、イギリス人のJ・Wフェントン（横浜在住の軍楽隊長）が国歌制定の必要性を進言したことに伴って、薩摩藩の歩兵隊長・大山弥助が「君が代」を国歌の歌詞として推薦したとされる。一八八〇（明治十三）年、宮内省式部寮雅楽課が作曲し、同年十一月三日、天長節宮中御宴で初めて演奏されたのが、今日の「君が代」である。（この部分の一部は、上越教育大学教授、若井彌一氏が雑誌「教職研修」に寄せた論文「新学習指導要領と日の丸・君が代問題」から引用したもの）。

戦前の「君が代」が「萬世一系ノ天皇」の御代を讃える意味で用いられていたのは、歴史的事実である。

戦後は、「君が代」の「君」が誰を指すのか、受け止め方（解釈）は様々である。たとえそれが、「天皇」を指すとしても、戦後の天皇は戦前とは異なり、日本国及び日本国民統合の象徴としての位置にあり、「君が代」の歌詞全体は、日本国や日本国民を讃える歌として理解することができる。

「国旗掲揚せず」を可決

この資料に沿って議論をしても、分会役員たちは納得することはありませんでした。私が何を言おうと、壊れたレコードのように、自分たちの主張だけを繰り返したのです。これでは、もう議論も何もあったものではありません。またも議論は噛み合わず堂々巡りとなりました。

十二月十一日（金）、私は、「国旗・国歌Q＆A」を全教職員に配布し、十六日の職員会議までに読んでおくよう、指示をしました。分会役員はともかくとしても、多くの教職員はきっとこの資料を読んで理解してくれると思っていました。

十二月十四日（月）は、運営委員会がありました。この席で、卒業式委員会委員長の中田教諭は、これまで本校で「日の丸・君が代について議論をしてきた」ことの証拠だとして、一枚のプリントを配布しました。内容は、あとでも議論の中でしばしば出てきますが、日の丸・君が代への主観的でヒステリックな反対論の羅列で、私が求める議論（国旗・国歌を指導することの教育的意義、学習指導要領に定められた理由、戦後教育の問題点などについての議論）がなされていないことを証明するものでした。私はそのことを具体的に指摘しましたが、中田教諭だけでなく運営委員会のメンバーは誰一人として受け付けず、「十分に議論してきた」と主張して譲りません。「議論」の観点や中身が全くずれていることに、彼らは気付こうとさえしなかったのです。

この席で中田教諭は、十二月一日（火）にPTA役員会及び実行委員会で私が国旗・国歌の話をしたことについて、抗議しました。私がすでに説明し、資料も配付しているにもかかわらず、彼女はそんなことには全く頓着していない様子で、「まだ職員会議で決まっていないことをPTAの役員に実施すると説明したのは、職場民主主義に反する」の一点張りです。困ったものです。私は、やむを得ず校長の職務内容について説明しながら、PTA役員会及び実行委員会で国旗・国歌の話をして保護者に理解を求めたのは当然のことであると答えました。

運営委員会出席の教員たちは私の説明に納得せず、根拠を明確にした私の言葉を全く踏まえないで、自分たちの主張だけを繰り返しました。

この段階でも、私はまだ望みを捨てていませんでした。「話せばわかる」との楽観があり、粘り強く語りかけていかなければならないと考えていました。

私への抗議は収まりませんでした。十二月十六日（水）に、今度は小学部・中学部・高等部の卒業式委員会の担当者（中田、清水、松下各教諭）が揃ってやって来ました。いずれも女性教諭です。ＰＴＡ役員会で私が発言したことを確認し、抗議をするためでした。私は、彼女たちに「国旗・国歌Ｑ＆Ａ」で回答したことにも触れながら、校長としての立場、職務などについて説明し、理解を求めましたが、彼女たちは、民主主義に反すると言って私を非難しました。これまで私が説明してきたことや配布した資料のことなど、全く眼中にない様子でした。

十二月十六日（水）の職員会議は、卒業式が近づいてきたこともあって、教職員の私への反発と焦りはいよいよ激しくなりました。

教職員数名から、国旗・国歌に反対する意見が出されました。そのどれも新味はなく、これまで彼らが主張してきたことの繰り返しで、私のそれまでの説明など全く無視したものでした。

彼らは、私の説明に対する論理的な反論は一切行わず、「校長の話を聞いていると気分が悪い。校長は国旗・国歌についての『お願い』を取り下げろ」とか、「教育のことは子どもたちに直接教育を行っている私たち教員が一番よく知っている。教員の合意に校長は従うべきだ」などと主張し、私の論理立てた説明を全く受け付けませんでした。一方的に自分たちの主張だけを繰り返した挙げ句、卒業式委員会は「卒業式委員会の案を採決してほしい。今日決めてもらわないと、今後の作業ができない」と言って、採決をするように議長に迫りました。

私はそれを制して、「まだ議論は終わっていない。反論があれば出してもらいたい。採決は急がないでもらいたい」と述べましたが、教職員は聞き入れず、準備作業を進めなければならないことを理由に卒業式委員会の「国旗は掲揚しない」という原案通りに可決してしまいました。

私は、採決の結果を認めず、今後も議論を継続するよう指示しましたが、このやり方が、B校の教職員の言う「職場民主主義」の実態でした。校長が何と言おうと、自分たちが多数決で決めたことこそが絶対なのだという、極めて思慮に欠ける短絡的な考え方に基づくものでした。

分会は、「管理職に対する要望書」なる文書を持ってきました。分会員にアンケートして得た回答をナマのまま収録したものです。匿名であることをよいことに、教育公務員としての立場もわきまえず好き勝手なことを書いていました。この文書を一読して、私は、B校の教職員の意識のなんと幼稚なことかと思いました。とは言え、彼らの要望書にはきっちりと回答しようと思いました。

早速、文書を準備しました。力を込めて書いたため、A四判二十四枚にもなりました。私はこれを教育委員会に持参し、B校の教職員が何を考え、学校現場の実態がどうなっているかについて報告しました。そして、この回答文書を分会に渡すつもりであることを説明しました。すると、教育委員会の担当者から意外な反応が返ってきました。そのときのやり取りの要点を示せば、次のようになります。

教育委員会　こんなものを校長が組合に渡してどうするのか。

私　分会からの要望への回答です。こちらの考えを示すために渡すのです。

教育委員会　文書は一人歩きする。こんなことが世間に知られて新聞沙汰にでもなったらどうするのか。

私　学校の実態を知ってもらうよい機会だと思います。校長として、学校改善に取り組みますので、力添えをお願いします。

教育委員会　校長名でこのような文書を出す必要はない。校長名で出した文書は全て公文書だ。校長だけで責任の取れる問題ではない。

このようなやり取りがあって、結局、教育委員会は文書回答をすることを認めませんでした。回答書の中で、私は、教職員の言う「労使慣行」の実態が、「中抜け」（注1）や「無届け早退」（注2）「勤務時間中の組合活動」などであることも暴き、法的根拠を明示して組合の言う「労使慣行」の不当性を指摘していました。学校現場でこのような違法行為が行われていることが世間に知られることを、教育委員会は恐れたのだとそのとき私は思いました。

教職員の間違った認識を正すのは校長の仕事です。思案の挙げ句、内容を思い切って削ぎ落として書き換え、A四判十枚程度の回答書を作りました。何かあったら責任をとる覚悟を決めて、その回答書を、十二月二十一日（月）に分会役員たちに渡しました。その回答書は二十一項目の要望に答えていますが、そのうち「労使慣行」に関する部分と国旗・国歌に関わりのある部分の五項目についてここに紹介します。

注1：勤務時間中に不当に職場を離れ職場に戻ること。職場を離れる場合は本来届け出が必要だが、その手続きをしないで職場を離れること。

注2：文字通り、届けを出さずに早退すること。本来は半日休暇か時間休暇の届けを出して早退する。

分会「要望書」への回答部分

「分会要求」の集約を読みました。皆さんの様々な要求を真摯に受け止め、私ができることは精一杯取り組みたいと思います。ただ、「管理職に対する要望」については、一読してとても心が痛みました。四月に着任して以来、私が職員会議やその他の機会をとらえて皆さんに話をしてきたこと、説明してきたこと、訴えてきたことが、何一つ理解されていないのではないかとさえ思われて、残念でなりません。各要望について、改めて私の考えを述べておきます。

一「今までの労使慣行をまもれ」について

法的効力をもつ法規範としての労使慣行が成立するためには、「①一定の事実が長期間反復継続していたこと、②権限を有するものが当該慣行について規範意識を有しこれを是認していたこと、③強行法規に反しないこと、が必要である」（最高裁昭和六十年十一月八日）とされています。この三つの要件のひとつでもクリアしていない労使慣行は、正当な労使慣行とは言えず、法的効力を有するものとは言えません。言うまでもなく、正しい労使慣行は当然守ります。

二「これまでのやり方をまず見てほしい。教委に聞く前に教頭や教職員に聞くこと」について

B校の健全な校風や伝統は大切にしていきます。過去のやり方について教頭や関係職員に十分に聞きながら学校運営を行っていくつもりですが、不適正なことは改めていきたいと思っています。校長にとって教育委員会は職務上の上司であり、校長は教育委員会の指示・命令には従わなければなりません。それはちょうど、教職員は上司である校長や教頭の指示・命令に従わなければならないということと同じです。私たち公務員は、法令等に従って職務を遂行すること及び上司の職務上の命令に忠実に従うことが義務づけられている存在なのです。（注）

校長の職務権限の範囲内にある問題については、私はこれまで、折に触れて教頭や事務長及び関係教職員に意見を求めたり、過去の経緯について説明を受けたりしながら、学校運営上の判断をしてきました。特に教頭・事務長とは十分に時間をとって学校運営の基本について相談しなが

ら進めています。

注：地方公務員法第三十二条（法令等及び上司の職務上の命令に従う義務）
職員は、その職務を遂行するに当って、法令・条例・地方公共団体の規則及び地方公共団体の機関の定める規程に従い、且つ、上司の職務上の命令に忠実に従わなければならない。

三「職場の合意事項を尊重」について

四月着任以来、私が職場の合意事項を尊重しなかったことが何かあったでしょうか。職員会議をはじめとして、皆さんがいろいろな会議で検討し、合意したことはすべて尊重してきたつもりです。もし、合意事項を私が一つでも踏みにじったことがあれば、具体的にその内容を指摘してください。今年度の入学式の日に国旗「日の丸」を玄関先に掲揚したことをもってこのような批判をしているとしたら、それは的外れです。入学式や卒業式で国旗を掲揚し国歌を斉唱することは学習指導要領で示されていることでもあり、入学式の日に玄関に国旗を掲揚したのは、学校運営上の必要に基づいて、校長の責任において行ったことです。

四「学校の民主的な運営を」について

私が民主的な運営をしていないという批判であるならば、その内容を具体的に指摘してください。四月着任以来、職員会議やその他の会議で皆さんが相談して合意したことは、ことごとく尊重してきました。

五「職員会議の決議事項を尊重せよ（君が代・日の丸）」について

職員会議は、校長が招集し主宰する性格のものです。それは、校長の包括的な校務掌理権の内側にあるものであり、校長が学校運営上の必要に基づいて運用する校長の補助機関の一つです。職員会議に限らず、学校内の各種会議はすべてこのような性格を帯びていると言ってよいでしょう。職員会議の結果は、校長が決裁してはじめて始動する性格のものです。職員会議の決定は、したがって、必ずしも校長を拘束するものではありません。これは、各種判例も示すところです。職員会議をはじめ、運営委員会、各種委員会や部会などの会議を尊重し、教職員の創意工夫を引き出しながら学校運営を行うことは、校長として当然のことです。しかし、職員会議等において決められたことが校長の判断と譲歩できないほど大きく食い違うときには、校長は、学校運営上の必要に基づいて自らの判断を貫かなければならないこともあります。校長は学校運営の最終的な責任者なのですから。

「破り年休」は教育委員会のお墨付き

「回答書」に基づいて分会役員と話し合いましたが、国旗・国歌の問題が一番の話題になり、分会は相変わらず自分たちの主張だけを一方的に繰り返しました。私は、先日の職員会議の採決を取り上げ、「あのようなやり方が、あなた方の言う『民主主義』なのか」と苦言を呈し、採決の結果は認められないことを明確にしました。分会は、私が配布した資料「国旗・国歌Q＆A」をはじめ、これまで論証したことがらに対して、何一つ反論することができず、「反対」だけを繰り返しました。

「労使慣行」に関して、私が、「中抜け」や勤務時間内の組合活動などの問題を指摘すると、坂田分会長が変なことを言い出しました。そのときのやり取りはこうです。

坂田 校長は、「なにわ方式」があることを知らんのですか。

私 「なにわ方式」？ 何ですか、それは。

坂田 組合の執行委員会や総会その他の動員などに役員が出席するときは、年休届けを出さなくてもいいという教育委員会との取り決めです。一応年休届けを出しておいて、何事もなかったらあとでその年休届けを破り捨てるのです。いわゆる「破り年休」というやつです。

私 えっ、そんな取り決めがあるのですか。私はそんな話は聞いたことがない。

坂田 ウソだと思うのなら、教育委員会に聞いてみたらいい。

私は驚きました。こんな取り決めがあるとは信じ難いことでしたが、これを聞いて私は、教育委員会が私の「回答書」を見て「こんなものを校長が組合に渡してどうするのか」と言ったことの本当の意味がわかった気がしました。不当な労使慣行は教育委員会のお墨付きだったのです。

私は、事実を確認するため、ある機会に「なにわ方式」があるという話は本当かどうか教育委員会の担当者に尋ねました。驚いたことに彼は「あります」とあっさりと認めたのです。

すこし話がわき道にそれますが、この悪しき労使慣行に関わる或る事件について少し触れておきます。私が分会に「回答書」を渡してから半年ほど経った頃に、ある学校で勤務時間内に分会集会や分会委員会などの組合活動を行っていることが発覚しました。ある新聞がすっぱ抜き、世間からの批判を浴びる事態になったのです。

すると教育委員会は、慌てて全障害児学校の校長を集め、勤務時間内の組合活動の実態を調査して報告せよ、と指示したのでした。学校現場でそのような「労使慣行」があることは百も承知なのに、教育委員会は、知らぬ顔の半兵衛を決め込み、新聞記事ではじめて知ったというポーズを取ったのです。少なくとも私にはそう見えました。私は機会を捉えて、教育委員会のこの姑息とも取れる姿勢を指摘しましたが、教育委員会から明確な返事はありませんでした。新聞で叩かれた学校の校長と分会役員数名は懲戒処分を受けました。処分された校長は、その年度の終わりに定年を待たずにひっそりと退職しました。これで一件落着です。教育委員会は何一つ責任を取りませんでした。

ついでに「なにわ方式」の顚末にも少し触れておきます。私がB校から他の高等学校に転勤して一年ほど経った頃のことです。広島県の学校でいわゆる「破り年休」を取っていることがマスコミで取り上げられて、世間から痛烈な批判を浴びたことがありました。教育委員会は、このときも、驚くべき行動に出たのでした。「破り年休」を実体とする「なにわ方式」は、教育委員会のお墨付きの下で行われていたにもかかわらず、そのことを伏せて、校長協会の会長名で、「破り年休はこれまでなかったことを確認する」という趣旨の文書を各学校長宛に配布したのです。

勤務時間内の組合活動にしても破り年休の問題にしても、私が、現場の実情を報告して是正の姿勢を示し、力添えをお願いしたときには、それを押さえつけておいて、いざ新聞などで叩かれると姑息な手段で校長に責任を取らせる。こんな教育委員会のやり方に、私は失望し、不信感さえ抱きました。

話を戻します。

十二月も二十日を過ぎる頃になると、国旗・国歌に反対する動きが活発になってきました。

十二月二十四日（木）に入学式委員会が開かれました。私は教頭に委員会に出席して、①式次第の中に「国歌斉唱」を入れる、②国旗は式場の壇上に三脚で掲揚する、の二点を入学式実施計画に入れるよう指示しました。しかし、入学式委員会は、例によって私の指示を受け付けず、逆に教頭が委員会に出席したことを非難する有様でした。

一月十八日（月）、運営委員会で、入学式委員会は私の指示を全く無視した内容の入学式実施計画案を提示しました。そこには、「日の丸は掲揚しない」と書かれていました。

私は、これまでの経過に照らし、これは担当の係として不適正な対応であることを指摘し、職員会議には私が指示したことを入れて提示するよう求めました。しかし、入学式委員会の高等部委員長である吉田教諭（分会書記長）が指示を聞き入れないため、私は、これまで何度も言ってきたこと、つまり、校長と教員の職務上の関係や「指示」の法的意義、教員としてとるべき態度などについて改めて説明しました。吉田教諭は頑として聞き入れませんでした。

一月十九日（火）には、高等部三年学年主任の川上教諭が校長室にやって来ました。彼は、「卒業式における国旗掲揚・国歌演奏」の指示を取り下げてください。これは、学年担任団の一致した意見です」と言いました。私は、川上教諭の気持ちを十分に確かめた上で、「申し入れは受け入れられない」と答えるとともに、次の事柄を根拠を示しながら説明しました。

①国旗・国歌を実施することの教育的な意義。
②学習指導要領の意義と法的拘束性。
③校長の職務と教員の職務。
④学校運営の基本的な在り方。
⑤職員会議の役割と法的性格。

これまで何度も説明してきたことです。配布した文書にも書いています。しかし、川上教諭は納得することなく、「なんとかお願いします」を繰り返すばかりでした。

一月二十二日（金）には分会役員がやって来ました。二時間を超える話し合いを行いましたが、いつもの通り、私がどんなに根拠を挙げて説明しても聞く耳を持たず、感情的に「国旗・国歌反対」を繰り返すばかりでした。

職員会議で校長批判の文書を配布

一月二十七日（水）の職員会議で、議長団が、ついにとんでもない暴挙に出ました。職員会議の冒頭に、私を批判する内容の「職員会議の民主的運営についてのアピール」なる文書を配布したのです。しかも、批判を受けている私には何の弁明も反論もさせようとしませんでした。五名の議長団は、全て分会の役員です。彼らは、職員会議という公の会議と組合集会との区別さえつかないのです。B校では、このようなことが当たり前のように繰り返されてきたのでしょうか。

私は議長の指示に従わず、起ち上がって次のような発言をしました。

① この文書は、学校運営の在り方について間違った認識に立って書かれている。
② 職員会議の役割や性格について、間違った認識に立って書かれている。
③ このアピールには「教育活動は学校長も含む全教職員の合意を基盤とした協力体制があってこそ、効果を上げるものと考える……。対等平等に子どもと教育について語られることによって、学校に求められている教育課題にこたえることができ……」とあるが、

校長と教職員は職務上の立場が異なる。人間対人間としては対等であっても、職務上の関係は対等ではない。アピールの基本認識は間違っている。

④ 職員会議の議長は校長が定める校務分掌の一つであり、職員会議という公式の場で校長を批判する文書を一方的に配布する立場にはない。

しかし、議長は私の説明を無視したまま議事を進行しました。

卒業式委員会から提案された卒業式次第細目の提案には、私が指示したことは入っていませんでした。私は、私の指示を入れて「案」を提出し直すよう求めましたが、卒業式委員会は全く応じません。それどころか、皆がこんなに国旗・国歌に反対しているのだということを示す意図で、小・中・高各部教員の意見をまとめた文書（B四判四枚・両面印刷）を配布しました。中身のほとんどは、個人的な気分や感情、好き嫌いに基づいた主観的な国旗・国歌反対論でした。

入学式委員会も、「入学式実施計画案」を提案しましたが、その中には、私の指示などどこ吹く風の体で、「日の丸は掲揚しない」と書いてありました。

私は、改めて是正するよう求めましたが、全く聞き入れません。数名の教職員から、国旗掲揚・国歌斉唱に反対する意見や入学式委員会の案を支持する意見が出され、拍手が送られる有様でした。この人たちには何を言っても通じない。私は、校長としての無力感に襲われました。

一月二十九日（金）は、後援会役員会がありました。後援会というのは、B校の卒業生の親の会で、B校の教育活動を支える重要な働きをしている会のことです。私は、この役員会で、国旗・国歌の取組について説明し、理解と協力をお願いしました。役員の人たちは、私の話に賛同してくださり、支援を約束してくださいました。

二月一日（月）に川村教諭がやって来て、私にB四判一枚の「質問書兼意見書」を提出しました。内容は、これまでにすでに回答したことばかりで新味はありませんでしたが、二時間余りにわたって議論をしました。議論は全く噛み合わないまま終わりました。

これまで、教職員とは随分議論をしてきましたが、「話せばわかる」を信条にしてきたこともあって、細かい会話までは記録していませんでした。しかし、同じことを何度も何度も言わなければいけない、言っても少しも議論が噛み合わないことに気付いて、私は、この頃から会話の様子も記録するようになりました。

このときの議論の要旨は概ね次のようなものです。

川村　教委と組合との確認事項と国旗・国歌の「押しつけ」は矛盾するのではないか。職員会議の合意に反して校長が「押しつける」のはおかしいではないか。

私　教委と組合との確認事項についてコメントする立場にはない。学習指導要領に定めてあることを行うのに「押しつけ」というのは当たらない。私が国旗掲揚・国歌斉唱を指示しているのは、校長の職務権限に基づくもので、「おかしい」という指摘は的外れである。

川村　国歌演奏時に「起立」を強いるのは「思想・良心の自由」に反するのではないか。

私　国歌斉唱時に起立するのは礼儀であり、国際社会の常識だ。思想・良心の自由を侵すものではない。

川村　職員会議は校長が主宰する性格のものだと校長は言うが、「職員会議の合意を尊重する」と言っている日頃の校長の言葉と矛盾するではないか。

私　矛盾しない。校長として職員会議の結果を尊重するのは当然だが、それは、時と場合による。法令等に違反することや校長の方針に明確に反するようなことを職員会議が決めた場合には、校長はそれに従うことはできない。校長が職員会議の結果に拘束されないということは、各種判例でも示されている。

川村　「日の丸」「君が代」は法律で国旗・国歌と定めてないのに、校長は国旗・国歌だと言っている。おかしい。

私　おかしくない。資料でも明らかにしたように、日の丸・君が代が日本の国旗・国歌であることは明白な事実だ。各種判例からも明確になっている。

川村　職員の休憩や学級定数など、法令の定めが守られていないのに、なぜ日の丸・君が代だけを押しつけるのか。

私　学習指導要領に基づいて行うことを「押しつけ」というのは当たらない。休憩や学級定数の問題も、現状を踏まえて取り組んでおり、国旗・国歌のことだけをやっているわけではない。

いくら説明しても埒が開きません。私は、一月の職員会議で議長団が配布した文書「職員会議の民主的運営についてのアピール」及び卒業式委員会が配布した文書「小・中・高各部教員の意見のまとめ」について、次に示すような見解をまとめました。

「国旗・国歌Q&AⅡ」と題するB四判七枚にも及ぶ両面印刷の文書です。この文書で私は、「アピール」の問題点を明確にし、教員一人一人の意見に丁寧に答えたので、教員もきっとわかってくれると思っていました。

国旗・国歌Q&AⅡ

一　職員会議の議長団が出した「アピール」に関して

議長団が、私には事前に何の話もなく、一月の職員会議場で「議長団としての職員会議の民主的運営についてのアピール」なる文書を一方的に配布しました。議長は、「読んでおいてください」と言っただけで、配りぱなしにするつもりのようでしたが、内容が、校長の学校運営に対する批判である以上、私に一言の釈明もさせないのは不当と言う他はなく、私は、発言を認めるよう求めました。要点について若干の発言をしましたが、時間の都合もあり、十分に意を伝えることできませんでしたので、改めて私の考えを述べておきます。

議長団が配布した「アピール」は次のようなものです。

議長団としての職員会議の民主的運営についてのアピール
――職員会議の合意・意思統一を尊重した学校運営を

私たち議長団は職員会議規定に則り、これまで民主的で円滑な議事運営を心がけてきました。しかしこの間、職員会議規定に基づかない内容の「お願い」があったり、「学校長の補助機関」という法律・条例にもない言葉が出されたり、「決められたことが……自らの判断を貫くこともある」という発言があったりすることによって民主的で、円滑な議事運営を困難にしています。

私たち議長団にはあくまで職員会議規定に則り、安定した合意と安定した意思統一が図れるように、民主的で円滑な議事運営をおこなうよう努力すべき役割があります。なぜ安定した合意と意思統一が必要かと言うと、教育活動は、学校長も含む全教職員の合意を基礎とした協力体制があってこそ、効果をあげられるものと考えるからです。そして対等平等に子どもと教育について語られることによって、学校に求められている教育課題にこたえることができ、そのことが「国民全体に対し直接に責任を負う」ことにつながると考えるからです。

そういう意味で私たち議長団は、職員会議において安定した合意と・安定した意思統一ができるよう職員会議規定に則った、民主的で円滑な議事運営に努めることをここに改めて表明するものです。

1999年1月27日　　議長団（5名の連名）

①手続きについて

まず、議長団が私に事前に一言の話もしないで、このような批判文書を職員会議で配布したことについてです。私はこれまで、問答無用のやり方は一度もしたことがありません。皆さんからの話し合いの要求には、ことごとく応じてきました。職員の仕事上の相談はもとより、個人的な相談にもすべて応えてきました。いつでも話し合いに応じる姿勢をとってきました。皆さんが出した「管理職に対する要望」には、文書回答もし、学校運営のあり方の基本について、私の考えや取組姿勢を明確にしました。その中で、職員会議の役割とその性格、地方公務員（教育公務員）としての服務の基本等について、根拠を明示しながら回答しています。「意見があればどうぞお出しください」と、話し合いの姿勢を皆さんに伝えてもきました。国旗・国歌に関しても、徹底的に話し合う姿勢をもって皆さんから出された質問や意見には、客観的な資料を整えて答えてきました。にもかかわらず、一度の相談や話し合いもなく、また、これまで私が示した客観的な資料や根拠に対して有効な反論をすることもなく、いきなり、このような批判文書を職員会議という公の場で一方的に配布するという行為は、信頼を裏切るものであると言わざるをえません。

次に、職務遂行の基本姿勢についてです。「議長」は、校務分掌の一つであり、校長の監督を受けながら職務を遂行する立場にあります。このような形で校長を批判する立場にはありません。議長団のメンバーの、公務員としての立場や職務遂行のあり方に対する認識には、基本的に過誤があると言わざるをえません。

②内容について

▼「職員会議」及び「職員会議規定」と校長の関係

「アピール」は、校長が職員会議規定に基づかず、職員会議の民主的で円滑な運営を困難にしている、と述べています。これは、職員会議や職員会議規定が校長の職務権限を制限するものであるかのような認識に立つものであり、明白な誤りです。

職員会議は、すでに「国旗・国歌Q＆A」や『管理職に対する要望』への回答」で明らかにしたように、校長の校務掌理権（学校教育法第二十八条第三項）の内側にあるものであって、学校運営の必要に基づいて校長が招集し、主宰するものです。その法的な性格については、校務掌理権との関わりから必然的に、校長の補助機関としての位置にあること、したがって、職員会議で審議し決定したことは、原則として尊重されるべきことは当然であるが、校長を拘束するものではないこと、職員会議の決定内容が校長の判断と譲歩できないほど大きく食い違うときには、校長は、学校運営上の責任において自らの判断を貫かなければならないこともあること、などについて、私はこれまで、各種判例や法令等客観的な資料を提示しながら説明してきました。議長団のメンバーには、機会ある毎に口頭でも繰り返し説明してきました。説明の内容が私の個人的な主観に基づく見解でないことは、これまでに配布した資料をよく読めば明らかなことです。にもかかわらず、事実に基づく論理的な反論や話し合いを全く行わないで、このような「アピール」を出すことの正義はいったいどこにあるのでしょうか。

▼校長と職員の関係

「アピール」は、校長と職員の関係を「対等平等」なものであるとする認識に立ってますが、これは間違っています。

校長と職員とは、人間対人間の関係としては、言うまでもなく「対等平等」です。しかし、職務上の関係においては、決して「対等平等」ではありません。校長は職員にとっての上司であり、学校という有機的な組織体を運営する上において、所属職員を管理監督する立場にあります。校長は、学校運営全般を視野に入れながら、所属職員を指導したりする立場であり、職員は基本的にそれに従う立場です（もちろん、これが人間的な優劣を意味するものでないことは、言うまでもありません）。万一「対等平等」の関係であるとすると、校長は、職員会議において常に職員と同じ一票の発言権しか持たないことになります。

その場合、校長の考えと職員の考えが一致すればどれほどの問題も生じないかもしれませんが、一致しないときには、校長は常に絶対的少数の立場となり、職員の意見・判断にはいつも従わなければならないことになります。皆さんが「職場の合意を守れ」と校長に言うときの背景が、まさにこれなのです。理不尽と言う他はありません。校長の考えと教職員の考えが一致しないときには、校長は、譲歩できる範囲内のことであれば職員の合意を尊重して、そちらの方に合わせて決裁をすることもありますが、譲歩できないほどの開きがあるときには、職員の合意と異なる判断をしなければならないこともあります。

いずれにしても、職員は、校長の最終的な判断には当然従わなければならない立場なのです。議長が職員会議規定に則って会議を運営することは、当然過ぎることです。職員会議規定に則って民主的で円滑な運営に努めるという議長団の表明は、この意味において全く正しいものです。しかし、上述のように職員会議は、校長の補助機関であり、校長の職務権限を拘束したり制限したりするものではないことからも明らかなように、議長は、校長の職務上の指示・指導等には、従わなければならない立場にあります。そうすることが、学校という有機的な組織を運営する上での民主的なルールというものなのです。

二　国旗・国歌に対する職員の意見に対して

皆さんが書いたものを、全部読みました。一字一句に込められた皆さんの気持ちや心情を読み漏らすまいと、何度も読み返しました。「戦争はイヤだ」、「軍国主義は恐い」「自分の良心に従って行動したい」などという皆さんの思いは、私の思いと全く同じです。戦前への反省に立った戦後教育の成果とも言えるものであり、皆さんがこのような気持ちをしっかりと持っていることに、私は、心強いものを感じました。このことをまず、押さえておきたいと思います。

その上で、私は、皆さんの主張（一部を除く）にはやはり大切なことが欠けていることを、残念ながら指摘しなければなりません。具体的には、後ほど皆さんの主張の一つ一つについて個別に指摘をしますが、大きな二つの問題についてまず述べておきます。

①憲法に基づくわが国の民主主義の仕組みを正しく踏まえていないこと

戦後の民主主義は、戦前のことを反省して作られた日本国憲法に基づいて進められてきました。憲法に盛り込まれた理想の実現は、「根本において教育の力にまつべきものである」（教育基本法前文）として、教育基本法をはじめとする教育法令が整備され、学校教育もその仕組みの中で進められてきました。学校が教育課程を編成するときの国の基準である学習指導要領は、法律そのものではありませんが、憲法・教育基本法に基づく学校教育法の規定によって設けられた文部省令（学校教育法施行規則）の委任により、文部大臣が公示したものであり、法的な拘束力を持つものです。

このことは旭川学力テスト事件や福岡伝習館訴訟事件についての最高裁判所の判決等によって

明確になっています。学校は、この学習指導要領に従って教育課程を編成し、教育活動を進めていくことが義務付けられています。入学式や卒業式に国旗を掲揚し国歌を斉唱することは、学習指導要領に定められていることでもあり、学校は、当然それを守らなければなりません。ところが、皆さんの多くはこれに反対しています。そして、学習指導要領を守ろうとしている校長を批判しています。これはどうしたことでしょうか。

皆さんは反対の理由として、「押しつけだ」「軍国主義に繋がる」「本校の子どもに日の丸・君が代は要らない」「思想・信条・良心の自由に反する」「『君が代』は絶対的な天皇制を賛美するものだ」「『君が代』は曲想が暗い」「本校の子ども達には『君が代』を歌わせたくない」などを挙げていますが、これは、どれも皆さんの個人的で主観的な判断に基づくものです。

どの学校も守らなければならない基準として正当な手続きを経て定められ、その法的拘束性が明確になっている学習指導要領の内容を、学校現場の教員がめいめいに主観的に判断して「実施しない」ことを勝手に決めることが許されるでしょうか。そのようなことが正当であるとすれば、公教育として行われている学校教育は、各教員の主観によってどうにでもなることになります。教員にはそこまでの職務権限は与えられていません。

学習指導要領は、憲法や教育基本法に基づく民主教育を推進するために設けられた教育課程基準であることを正しく踏まえ、国旗・国歌の指導も、民主教育の一環として行うことが大切なのです。

②学校運営の基本的なルールを踏まえていないこと

皆さんは、「教育は子どもの実態に合わせて教員が行うものであり、教育のことは子どもたちに直接接している教員が一番よく知っている。校長は教員の合意に従うべきだ。それが職場の民主主義なのだ」と主張します。これは正しいでしょうか。

これまで職員会議等で何度も説明してきましたが、この主張は、教員の「教授の自由（教育の自由）」は誰からも干渉されない教諭の独立した職務権限だとする考えに基づくものです。これは、「普通教育における教師に完全な教授の自由を認めることは、とうてい許されないところといわなければならない」という判例（昭和五十一年五月二十一日　最高裁）からも明らかなように、間違っています（このことは「国旗・国歌Q＆A」にも資料を載せていますので、ご覧ください）。

教員の職務は学校教育法第二十八条に定められています。例えば教諭の場合、第六項に、「児童の教育をつかさどる」とありますが、これは、教諭の主たる職務を定めたものであって、第三項に定める校長の校務掌理権から独立した職務権限を表すものではありません。教員は、校長の監督を受けながら職務を遂行する立場にあり、校務全般に責任を負う校長からの指導・助言・指示・命令等の監督には服さなければなりません。

このことは当然教育内容にも及びます。「校長は教員の合意に従うべきだ」との主張が間違っていることは、この点からも明らかです。まして、学習指導要領で指導することが定められていることを校長が実施することに対して、教員が反対するなどということはあってはならないことです。

公立学校という有機的な組織体の民主的運営は、基本的に法令等の定めを踏まえたものでなければなりません。「教員の合意を校長が守るのが、職場の民主主義だ」との主張は、「法令等の規定がどうであれ、教員の合意こそが学校運営を決定づけるのだ」と言うに等しいものであり、民主的な手続きを経て作られた法令等に基づく本当の意味での民主的な学校運営とは矛盾するものです。

皆さんは職員会議で、「校長は着任の挨拶で『憲法・教育基本法を守り、民主的な学校運営をする』と宣言したのに、職場の民主主義を守っていない」旨の批判をしましたが、それが的外れなものであることに気づいほしいと思います。

以下の文章は、各学部に所属する先生方が国旗・国歌に関するアンケートに答えて一言ずつ述べたものに対して、私の考えを述べたものです（残念ながら全部を紹介できません。特徴的なものを抜粋してみました）。

《意見》 日の丸は戦争につながるものとしていやだ。いろんな国に対して歴史的な面からいやがられるものは出したくない。校旗だけでよい。校長として出したかったら自分が玄関などに今までどおり揚げたらよい。式場にかかげるのはもってのほか。

《私の考え》　日の丸がどうして戦争に繋がるのですか。自分の国の国旗を揚げるのがどうしていろいろな国から嫌がられることなのでしょうか。もし、そのような事実があるのであれば、そのような状況を改善するためにも堂々と日の丸を掲揚することが必要ではないでしょうか。日本は世界に誇る平和国家なのですから。公立学校の教員は、自分の主観で職務を勝手に決めることはできません。

《意見》　分掌が中心になり職員の意見をまとめて職員会議で提案し、決められたことを校長が認めないというのは、管理主義のあらわれで不当だ。

《私の考え》　正当な手続きを経て職員が決めたことであっても、法令等に違反することや学校運営上ふさわしくないことについて、校長が是正を求めるのは職務上当然のことです。校長が正当な職務を行うことを「管理主義」などと捉えることこそ問題です。

《意見》　一般校の子どもは、自分で判断し考えることもできるが、本校の子どもたちはイヤでも黙って従うしかない。それに対して意見を言うことはできない。

《私の考え》　このようなことを理由に「指導しない」ことを正当化できるでしょうか。もしこれが正しいなら、子どもが「イヤ」ということは何一つ教育できなくなるのではないでしょうか。

《意見》　日本人としての自覚とか誇りとかは、押しつけられてできるものではない

《私の考え》「押しつけ」ととるからおかしなことになるのではないでしょうか。基礎・基本を育む教育活動の一環であることを正しく踏まえることが大切です。

《意見》　子どもたちは、ふだんの音楽でも発表会でも楽しい曲が好き。おもしろくないととたんに落ち込んでしまって、気持ちの切り替えができなくなる子もいる。最後の授業をこんな形でやりたくない。

《私の考え》　平素から日本の国歌「君が代」の歌詞や曲について子どもたちに教えることが大切ですが、今回の卒業式は事情があって「曲」だけを流すことを予定しています。子どもたちに今からでも曲の指導をし、慣れさせていただきたいと思います。

《意見》　親の思いもいろいろあるだろうが、無視することになるのでは？　特に日本国籍でない親の思いはそれなりにあるはず。

《私の考え》　学習指導要領は、どの学校も守らなければならない国の基準です。その基準に基づいて行う教育活動については、在籍する外国籍の子どもも当然学ぶことになります。万一、疑問等が寄せられた時には私（校長）が対応しますので、案内してください。

《意見》 以前職員会議で校長が「私も以前は反対していた時があったが、今はそれはまちがっていた」という内容のことを言われたが、よくそんなことが言えるなあと感じた。こういうのを厚顔無恥という。

《私の考え》「過っては則ち改むるに憚ること勿れ」と論語にあります。「過ちがあったときは、躊躇することなく速やかに改めよ」というほどの意味です。人間は誰しも過ちを犯すものです。自分が間違っていたと気づいたときにそれを改めることは、決して恥ずかしいことではありません。むしろ、過ちに気づかないことや、気づいてもそれをとりつくろって改めようとしないことこそ恥ずかしいことです。私も戦後教育の落とし子であり、国旗・国歌に対する無理解から、反対していた時期があります。だからこそ、皆さんの反対する気持ちがとてもよくわかるのです。同時に「過ち」に気づいてほしいという気持ちも強いのです。

《意見》 イヤ。政治的に入ってきたのがイヤ。国際化というが、ヨーロッパやドイツで国旗があがることはない。上からおりてきたから言っているのでは。無理やり押し付けられるのはイヤ。君が代をジャズに編曲してクビになったところもある。旗をあげないと僻地にやられるなど政治的ふくみがあるのか。同和地区や在日朝鮮の学校ではあまり言われない。校長には気の毒だが絶対にイヤ。

《私の考え》 国にはそれぞれの事情があります。よその国のことをそのまま日本に当てはめることはできません。日本にある韓国人のための学校には、韓国の国旗と日本の国旗の両方を揚げているところもあります。「イヤ」という気分や感情だけで教育公務員としての職務を決めることはできません。

《意見》 日本は法治国家である。議会制民主主義をとっているので、個人がしたくないことはしないと言ってしまったら民主主義と違ったものになるのでは。民主主義は国民が選んだ人が決めている。それがイヤなら、選挙で変えればいいのでは。今の行政がヤルということになれば、しかたがないのでは。職員会議でいわれている民主主義＝議会制民主主義は意味がちがうのでは。

《私の考え》 まったく同感です。職員の多くは私に「職場の民主主義を守れ」と言って、自分たちが決めたことはたとえ法令等に違反していてもそれを守るのが「民主主義」だと言っています。これはおかしなことです。戦後の憲法が定める議会制民主主義の精神に反するもので、当然受け入れることはできません。

《意見》 今回校長は君が代も出してきている。その歌の「解釈は様々である」というのは詭弁である。あきらかに天皇をたたえる歌であり、今の憲法には相容れない。愛国心が欠けていると校長は言うが、先日の母子の不幸な出来事があったが、自分を愛すること、命を大切にすること、命が大切にされる教育が必要なことだと思う。

《私の考え》 戦前の天皇と戦後の天皇は、その地位や役割が全く異なります。「天皇を讃える」と言っても、戦前と戦後は基本的に意味が違うのです。また、私は国際社会に生きる国民の基礎基本として国旗・国歌の指導が必要である旨説明をし、自分の国の国旗・国歌を大切にする気持ちで他国の国旗・国歌も大切にすることを教えることが大切であると説明しましたが、何の段落もなく「愛国心が欠けている」などという直接的な表現は用いたことはありません。それに、国旗・国歌の指導と自分を愛することや生命を大切にすることを教えることとは、少しも矛盾するものではありません。

《意見》 日の丸は歴史的に神格化され、背後に天皇がある。また、未来を担う子供の学校の式や行事に使い、浸透させてきたという経過がある。君が代・日の丸は国家権力の上意下達のために用いられるので、押し付けには反対である。

《私の考え》 戦後の教育は戦前の在り方への深い反省に基づいて進められていることを忘れてはなりません。戦前のような内容ややり方で国旗・国歌の指導をするのではなく、民主教育の一環として指導するのです。

《意見》 父の背中に三つの弾丸の穴があいている。子供の時からそれをよく目にしてきた。また、戦争の話をきくたびに、戦場で生と死の間をさまよったり、苦しかったことの話を聞くと、戦争はイヤという思いをつのらせてきた。親戚にも結婚してすぐ連れ合いが戦死し、身ごもって、父の顔を知らない子と戦後を生き抜いてきた人がいる。とにかく戦争につながるものはイヤだという思いがある。

《私の考え》「戦争はいやだ」という気持ちは、私も人一倍強く持っています。兄は十五歳で海軍の予科練に入隊し、あと四ヶ月で終戦という昭和二十年四月に十七歳で戦死しました。あのような戦争を二度と起こしてはなりません。そのためにも平和を愛する教育をしっかりと進めていく必要があります。国旗・国歌の指導は、そのことと決して矛盾するものではありません。それどころか、平和で民主的な日本に誇りを持ち、自国の国旗・国歌を大切にする気持ちで他国のそれも大切にすることを基礎基本として教えるために、学習指導要領に盛り込まれているのです。

《意見》 戦争と結びついているところが恐い。君が代は天皇を賛美しているようだ。スポーツで国を表すのにふさわしい歌と旗があればよいのにと思う。学校の式に押しつけるのはいきすぎであると思う。

《私の考え》 戦後の日本は、戦前への深い反省に立って動いていることを忘れないでください。「天皇」の地位や役割も戦前とは全く異なります。「君が代」が「天皇を賛美している」としても、それは戦前の絶対的な統治者としての天皇ではなく、主権者である日本国民統合の象徴としての天皇です。日本国憲法の主権在民の趣旨に何ら悖《もと》るものではありません。それに、学習指導要領で定めていることを「押しつけ」とは言えません。

《意見》 踏み絵に近い。自分の信念は持ちたいので、君が代が流れたら退出する。君が代はナンセンス。学年での統一は要らない。

《私の考え》 学習指導要領で決められていることを行うのに、「君が代が流れたら退出する」というのは尋常ではありません。よく考えて行動してください。

《意見》 「国家」の捉え方の違いを論点にしなければ議論はかみ合わないままだろう。個人の思想・信条の自由を認めるならば、それを焦点にすべきだ。そうすれば選択肢が明確になる。

《私の考え》 学習指導要領の法的拘束性は、判例等で明らかになっています。又、国旗の指導は「思想・信条の自由」に反しないことも明確になっています。そこから敷衍して、国歌の指導も同様に判断できます。最高裁の判決によると、国歌については、「憲法判断をする必要がない」との立場をとっています。

《意見》 職員会議で論議中のことをＰＴＡに対し「今年は君が代を流し、国旗を揚げます」と表明するという態度、本当に信じがたい。この態度は他のことにも通じるのでは。

《私の考え》 校長は、教員とは立場が違います。学校運営全般に目を向けながら、混乱のないように配慮しなければなりません。ＰＴＡの役員会で保護者に卒業式や入学式について説明し、理解と協力をお願いしたのも、校長として当然のことです。

《意見》　日の丸・君が代と言うものを教育の場に無理矢理持ち込むことで、国家主義的な意識を「教育」の名のもとに育てて行くことの恐ろしさを、教育者という立場でよく考えていただきたい。戦前の日本人の中にまるでオウム真理教の信者のようにマインドコントロールされたような、国家意識＝天皇を絶対神聖なものとして忠誠を尽くすことを国民として最も価値あることがらだと信じたような意識を植え付けて行く上で、当時の学校教育が果たした役割は決定的に大きかったということ、そして、そういう「皇民化教育」をして行く上で、天皇の「御真影」や「教育勅語」と並んで「日の丸」「君が代」は最も中心となるシンボルとして利用された。教育を百年の大計と考えるなら、今、文部省や府が「日の丸」「君が代」を強く持ち込もうとしてくる背景にあるものを、そこから目指そうとしている方向をよく見て、「百年後」に後悔しないように賢明な判断をしていただきたい。

《私の考え》　戦後の日本は、戦前を深く反省することによって出発しました。現在の日本は、日本国憲法に基づいた主権在民の国家体制です。「国家主義」とか「皇民化教育」などといったことは、戦後の日本には当てはまりません。平和で民主的な日本を確固としたものにするためにも、民主教育の一環として、国旗・国歌の指導を正しく行う必要があるのです。

第二章　背後に潜む政党の影

反論にならない反論

相変わらず教職員の態度に変化は見られませんでした。

分会は、「国旗・国歌Q&AⅡ」を配布した直後の二月十二日（金）、早速苦情を言いに来ました。そのときのやり取りの概要は次の通りです。

分会　「議長団アピール」を批判する文書を全員に配布したのはなぜか。

私　議長団は「アピール」を職員会議という公の場で全員に配布した。それに対する校長としての見解なので、全員に配布した。

分会　職員が意見を出したら、このような形で校長の見解を出すのか。

私　これまで何度も国旗・国歌の指導について教育的な意義や法的根拠などを明確にしながら説明してきたが、こちらの意図がほとんど理解されていないことがわかり、とても残念に思った。口頭で説明するだけでは不十分だと判断してこのような形にした。必要であれば今後もこのように対応したい。

分会　前の「国旗・国歌Q&A」は特定の教諭が個人として出した質問書に対する回答なのに、分会への回答のように取り扱って全員に配布したのはなぜか。

私　分会との話し合いの席上で、分会役員の川村さんから手交されたので、てっきり分会からの質問書だと受け止めた。十二月十日の分会との話し合いの席でも、私はそのつもりで分会役員に配布し、職員会議で全員に配布する旨を明確にしていた。そのとき、分会からは何の指摘もなかった。先日川村さんから「あれは自分の個人的な質問だった」と指摘されてはじめて知った。個人からの質問には個人に、全体に回答すべきは全体に、が私のスタンスである。二月一日に川村さんが個人的に質問書を持ってきたときには、川村さんと二時間余り個別に話し合った。

分会 校長は、法的根拠を示すときに判例を持ち出すが、判例にもいろいろあり、判例を根拠にするのはおかしい。

私 確定した判決は法律と同等の規範性がある。根拠にするのは当然である。

分会 判例で、「国旗は日の丸旗である」と言っているが、「日の丸旗は国旗である」とは言っていないから、日の丸旗は慣習法上国旗であるという校長の主張は間違っている。

私 そのような論理が通用するはずはない。「国旗は日の丸旗である」と明確に判示されていることから、「日の丸旗はわが国の国旗である」と理解するのは当然のことだ。

分会 学習指導要領は大綱的基準であると教育委員会も認めている。大綱的基準は、学校長の裁量でどうにでもなるもので、義務づけられてはいないはずだ。現にいままでやっていなかったではないか。

私 「大綱的基準」というのは、「守っても守らなくてもよい」という意味ではない。学習指導要領は法的拘束力のある大綱的基準である。少なくとも学習指導要領で実施するよう規定されていることがらについて、校長の裁量は及ばない。これまで国旗・国歌の指導がきちんと行われてこなかったのは、学習指導要領の規定に違反することであり、是正されなければならない。

分会 職員会議の場で法律論を交わすと「空中戦」になるので、なるべく避けたいのに、校長は法律論を持ち出す。

私 私としてもはじめから法律論を出したわけではない。はじめは教育論から入っている。それに対して「根拠は何か」との指摘があったので、法的根拠に触れざるを得なくなった。職員会議の法的性格についても、「職員会議の決定を守れ」という職員の強い主張を受けて、触れざるを得なくなったというのが実情だ。

分会 校長が「日の丸・君が代の指導」を言い出したことによって、職員の校長に対する信頼がなくなっている。

私 校長として当然の職務を行うことが、どうして職員の信頼を失うことになるのか。私は職員を信頼しているからこそ粘り強く話しかけているし、出された質問には全て答えてきた。

分会 卒業式の当日、物理的な妨害行為があった場合、校長はどうするつもりか。

私 校長が正当な職務権限に基づいて指示したことについて、職員はそれを忠実に遂行することが求められる。妨害などあってはならないし許されない。万一妨害行為があった場合には、当該の教職員はその責任を問われることになる。

分会は結局、私の説明を素直に受け止めず、「入学式や卒業式に、日の丸や君が代を持ち込むことはやめてください。お願いします」と懇願する挙に出ました。議論も何もあったものではありません。

二月十五日（月）の運営委員会では、卒業式委員会が、校長に対する要望書「卒業式の日の丸・君が代についての要望書」なるものを提案しました。この「要望書」は、これまでの話し合いや議論を全く踏まえず、ただひとえに「国旗・国歌反対」を主張するものでした。私は、次のように指摘しました。

①「卒業式について卒業式委員会が提案したことは、職員会議で承認された」とあるのは正しくない。
②これまで私が行ってきたお願い（指示）の意味を全く理解していない。
③この要望書には「入学式や卒業式に『日の丸』『君が代』は不要である」と書かれているが、これは、学習指導要領の定めに反するものである。
④「校長は生徒の状況に目を向けていない」と書いてあるが、この認識は正しくない。
⑤「職場合意」を理由に「日の丸・君が代を持ち込むことに反対」するのは、校長の包括的

な校務掌理権との関わりにおいて正しくない。

卒業式委員会の委員長は、問答無用の姿勢で私の言葉に耳を貸さず、次回の職員会議で投票による採決を求めると主張しました。

分会長である坂田教諭が、これまでに私が配布した法令等に基づく資料や説明に対して、反論文書を配布したい、と申し出ました。私は了解し、その「反論文書」を受け取りましたが、一読してあきれてしまいました。

これまで私が説明してきたことなどまったく念頭に置かないで、自分の主観を一方的に羅列して私を「批判」していました。

坂田教諭は、「法律の専門家と相談して書いた」と言っていました。どんな専門家かわかりませんが、正直言ってひどい内容でした。

私は、早速彼の文書に対し、反論文（国旗・国歌Q＆AⅢ）を書いて、職員会議の席で全職員に配布しました。A四判二枚半ほどの文章です。内容についてはこれまで繰り返し説明してきたことと重複する部分が多いので、本書では省かせていただきます。

要するに彼は、日の丸は国旗とは言えないとか、学習指導要領に法的拘束力はない、教育活動は校長がなんと言おうが教員が相談して決めるのがよいなどと主張していました。

教職員も、この国旗・国歌Q＆AⅢを素直な心で読めば、事の道理を理解することは容易にできたと思います。しかし、結局そうはならないのが、B校の教職員の現実でした。相も変わらず「国旗・国歌反対」を壊れたレコードのように繰り返し、私の人格までも攻撃し、罵倒するようになっていきました。

この日の職員会議でも、坂田教諭の論文を評価する意見がいくつか出されましたが、それは、坂田教諭の論文が法律用語の衣をつけていることへの喝采であり、このような形でよくぞ校長に盾突いたという、彼らの気分を表していたに過ぎません。教育公務員としての理性は微塵も感じられないものでした。

ついに投票

卒業式委員会は、私の指摘を完全に無視して「卒業式の『日の丸』『君が代』についての要望書」を提案し、予定通り投票による採決を求めました。

私は、重ねて「要望書」の不当性を説明しましたが、教職員は聞く耳を持たず、議長は投票による採決を強行しました。その結果は、賛成八十七票、白票十一票、反対二票、保留三票でした。

校長、教頭、事務長は採決には加わっていませんが、議長は、この三名を「保留」として集計しました。これは、彼らの幼稚な認識の一端を示すものです。職員会議は校長が主宰するものであり、校長が採決に加わることなどあり得ません。教頭、事務長も立場上同様です。このことを私は繰り返し説明してきましたが、彼らは理解しようともせず、こうして集計に加えるのです。「国旗・国歌」に関連して若干の議論をしましたが、そのときの議論の一部は次のようなものです。議長は、私には発言させまいとして、何度も私の発言を止めようとしました。

岡本　学校教育にとって大切なことは教員の自由・自主である。校長は、教員の自由や自主性を尊重すべきだ。法律や条例は解釈の変わるものであり、法令等を金科玉条のように言うのはおかしい。

私　教員には無際限の自由や自主が認められているわけではない。教育公務員として、身分上及び職務上の制約の下での自由であり自主である。法令等を守るのは当然のことだ。法令等を校長や教職員が自分勝手に解釈して仕事をすることは許されない。

島崎　自分は職員会議は最高議決機関だと思っている。これまでの経過を踏まえて、校長は柔軟に対応することはできないのか。

私　これまでの経過を踏まえて、今回は国旗は式場の壇上に三脚で掲揚し、国歌は式次第の前に曲を流す形でお願いしている。職員会議は学校の最高議決機関ではない。学校の最高責任者は校長であり、職員会議は校長の補助機関としての性格を有するものである。このことは、これまで何度も説明してきた。

家塚　小学校で、一日に二回君が代を流し、直立不動で聞かせているところがある。校長はこれについては、についてどう思うか。

私　公立学校でそのようなことが行われている事実があるのかどうか、私は知らない。学習指導要領はそこまで求めてはいない。

岡本　式場の前の真ん中に日の丸を掲げよとの通達があったら、そうするのか。

私　通達には従わなければならないが、現在のところそこまでは求められていない。現在の学習指導要領はそこまで求めていないし、そのような通達が行われるとも思えない。国旗は式場正面に掲揚するのが本来の形だと思う。

酒井　校長のこれまでの姿勢を見ていると、イソップ物語の中に出てくる「北風と旅人」の話を思い出す。校長の姿勢は旅人のマントを必死になって吹き飛ばそうとする北風みたいなものだ。校長が一生懸命になればなるほど、私たちは校長から離れていく。国旗・国歌にばかり熱心にならないで、足りない教室をどうにかするとか、必要な予算を取ってくるとか、そちらの方に熱意を注いでもらいたい。

坂上　感動しない歌「君が代」を子どもたちに歌わせる意味が、音楽の教師としてわからない。これを認めたら、ドミノ倒しのように、戦前のような状態に持っていかれてしまう。

このような議論を、世間の人たちはどう思うでしょうか。ずいぶんくだらない議論を性懲りもなく行っているものだと呆れかえるに違いありません。

私がすでに繰り返し論理立てて説明してきたことを全く無視して、一般の社会では愚にも付かぬことを言う教員もいます。イソップ物語になぞらえた話にしても、教員たちは、大まじめにこんな発言をしているのです。一般の企業であれば、上司の職務上の指示や説明を無視したり上司の人格を不当に非難したりすれば、そんな社員は何らかの不利益処分を覚悟しなければなりませんが、彼らは全く悪気なしにそのようなことを繰り返しているのです。学校という所は実に異様な社会です。

私は、この段階になってはじめて、「話せばわかる」という信条が揺らぎはじめるのを覚えました。どんなに道理を尽くして話しても、わかろうとしない人には伝わらない。これが現実だとすれば、言葉を生命とする校長の仕事は成り立ちようがありません。

校長の職務の一つは、所属職員を監督することですが、「監督」の具体的な中身は、言葉による指示・命令・指導・助言などです。これが通じないとなると、これはもう職務の崩壊以外のなにものでもありません。「困った」と思いました。これから先、どうやって職務を全うしていけばよいか。

しかし、私に悩んでいる暇はありません。学校には百五十人を超える教職員がいるのです。私は、揺らぎ始めた「話せばわかる」という信条に鞭打って、次のように述べました。

これまでの話し合いや議論を踏まえ、校長として皆さんにお願いしてきたことは間違っていないと確信している。卒業式において、式場の壇上に国旗を三脚で立てる形で掲揚し、式次第のはじめに「国歌演奏」を入れるように重ねてお願いする。そのように職務を
遂行していただきたい

私が発言を終えるか終えないかの瞬間に、「卒業式委員会が提案して職員会議で決めたやり方でやるべきだ」とのヤジが聞こえましたが、取り合いませんでした。

卒業式でこれまで実施したことのない国歌斉唱（実際には国歌・君が代の曲をテープで流す）を行うため、そのことを、予め児童生徒にも知らせる必要があります。必要な指導もしなければなりません。そこで、私は、本番では国歌の曲を流すことを卒業式の予行のときに児童生徒に知らせるよう、教頭に指示していました。職員会議終了間際の「連絡」の中で教頭がそのことを説明すると、教職員から一斉に反発が起こりました。口々にヤジを飛ばし、騒然となりましたが、そのまま職員会議を終了するしかありませんでした。

分会ニュースは、連日国旗・国歌反対のキャンペーンを張っていましたが、年が明けてからは、私の人格を攻撃する川柳や国旗・国歌の取組を揶揄する川柳をいくつも載せるようになっていました。私が職員会議で言ったことを不当にねじ曲げて、言ってもいないことを言ったかのように書いて攻撃もしていました。組合の機関紙が、職務に関わる管理運営事項についてあれこれ書くことは、本来の組合活動から外れています。

まして、所属長である校長の人格を攻撃したり国旗・国歌の取組を揶揄するなどということは許されないことです。分会には、そんな常識も欠如していました。折に触れて、注意をしましたが、聞くような彼らではありませんでした。

二月十九日の「分会ニュース」に、「職務命令という言葉を持ち出さないと語れない校長先生」とか、「学習指導要領に載っていないので中央の壁面には掲げないと校長が言った」などという表現があり、この日の職員朝礼で、次のように釘を刺しました。

① 私はこれまで、一度も「職務命令だ。やりなさい」という態度はとっていない。私の「お願い」に対して、「修正案を出せ」という要求が出された経過の中で、やむを得ず「校長が学校運営の必要に基づいて出す『お願い』は職務命令の性格を有する」と説明したに過ぎない。

② 「学習指導要領に載っていないので中央の壁面には掲げない」などと言っていない。私は一貫して「国旗は本来式場正面に掲げるのが本当だが、本校の場合、式場の壁面を子どもたちの作品で飾るので、それが見えなくならないよう、譲歩して三脚で壇上に掲揚する」と言ってきた。前回の職員会議で、「式場の前の真ん中に日の丸を掲げよとの通達があったらそうするのか」との質問があり、「現在の学習指導要領はそこまで求めていないし、そのような通達が行われるとも思えない。国旗は式場正面に掲揚するのが本来の形

だと思う」と答えている。

これに対して、小学部の田口という女性教諭から異議が出ました。やり取りは次のようなものです。

田口　確かに①については、校長は分会ニュースに書かれたようなことは言っていない。しかし、これを書いた中学部の川村先生が、校長の言葉をこのように受け止めたのであり、それをそのまま書いたのだから、間違いではない。②については、職員会議で岡本先生の質問に対して校長は、確かに分会ニュースに書いてあるように答えた。それまでの校長の発言と異なるので、自分も「オヤ」と思った。

私　①について、川村さんがどのように受け止めどう思うかは自由だが、私が言ってもいないことを言ったかのように書くのは、間違っている。そのようなことが正当であれば、何でも書けることになる。私が実際に言った言葉を括弧書きにした上で、それに対して自分はこう受け止めたとか、こう思ったと書くべきだ。②について、私がこれまで言ってきたことは一貫している。言葉の断片をとらえて、趣旨を理解しようとしない態度はよくない。私は「国旗は本来式場の正面に掲揚すべきだ」と言ってきている。

田口教諭は、私の説明に納得することはありませんでした。

分会は、何とかして国旗・国歌をやめさせようとしていました。そのためには、どんな手段も厭わない姿勢で、あの手この手で策を弄していました。私が何を言っても聞く耳をもたず、分会ニュースを洪水のように発行して連日私を攻撃していました。組合本部とも連携してB校とは直接関係のない他校の組合員にまで動員をかけ、私を批判するキャンペーンはがきを大量に送りつけたりしていました。

国旗・国歌のことで連日責められ、校長としての日常の仕事もできない状況で、私は、精神的にも肉体的にも相当追い詰められていました。

校長自殺の衝撃

そんな折も折、衝撃的なニュースが飛び込んできました。

広島県立世羅高等学校の石川敏浩校長が、卒業式の前日に自殺をされたのです。卒業式の国旗・国歌のことで悩み、追い詰められた末の悲劇でした。報道によると、教職員や外部の団体などに連日責められ、疲労困憊しておられたということです。私は、身につまされました。気の毒に、辛かったろう、苦しかったろう、残念だったろう、無念だったろう……。激しい感情が下腹から衝き上げ、涙が止めどなく流れました。

三月になると、私に国旗・国歌の取組をやめさせようとする動きはいっそう激しさを増していきました。
まず一日の午前十時頃に、生徒の父親二人（佐藤氏と吉川氏）がやって来ました。佐藤氏は、噂ではある会社の労働組合の役員をしている人で、吉川氏はB校のPTA会長でした。二人は国旗・国歌に反対する「申し入れ書」を持参していました。この「申し入れ書」は、形式や内容が組合のものとそっくりでした。二人が分会からの働きかけでやって来たのは見え見えでした。白熱した議論になりましたが、そのときのやり取りの概要は次のようなものでした。

佐藤氏　（「申し入れ書」を提示して）卒業式や入学式で、国旗掲揚、国歌斉唱をやめてもらいたい。

私　「申し入れ」を受けるわけにはいきません。広島県の高校では、国旗・国歌の問題に関わって校長が自殺されるという大変不幸なことがありました。亡くなられた校長のお気持ちを察するとお気の毒でなりません。

佐藤氏　あの校長はアホや。日の丸や君が代に反対すればよかったんや。日の丸・君が代は思想・信条の自由を侵すものであり、やめてもらいたい。

私　思想・信条の自由を侵すものでないことは、判例でも明確になっています。

佐藤氏　民主教育に反することをなぜやるのか。

私　国旗・国歌の指導がなぜ民主教育に反するのですか。学習指導要領に定められていることとでもあり、校長としてそれを実行するのは当然のことです。

佐藤氏 学習指導要領が何だ。日本の戦後教育をダメにしたのは学習指導要領であり、それを学校に押しつけた文部省だ。

私 文部省は、議会制民主主義を基調とする法治国家日本の行政機関として機能しています。学習指導要領は、憲法・教育基本法をはじめとする法規範の一端に位置づくもので、法的拘束力があります。学校がそれを守るのは当然のことです。

佐藤氏 法的拘束力がどうしたというのか。教育は、子どもたちに直接接している学校の裁量で自由に行うべきものだ。子どもを置き去りにして、何が法律だ。何が学習指導要領だ。

私 そのような主張にくみすることはできません。公教育として行われる公立学校の教育は、憲法・教育基本法をはじめとする法規範に基づいて行われるものです。学校の裁量は、法規範を踏まえた上での話です。

佐藤氏 第一、「君が代」の「君」とは何だ。民主主義の国の国歌ならば、「君」ではなく「民」が真っ先に来るべきだ。主権在民の日本国憲法の精神に反するではないか。天皇を讃える歌を国歌と呼べるか。

私 「君」が具体的に誰を指すのかは明確ではありませんが、たとえ天皇を指すとしても、日本国憲法の精神に反するものではありません。日本国憲法に定める天皇は、戦前とは地位・役割が異なっています。憲法第一条には「天皇は、日本国の象徴であり日本国民

佐藤氏　統合の象徴であって、この地位は、主権の存する日本国民の総意に基く」とあります。日本国憲法の第一条は間違っている。自分は賛成できない。「国民の総意に基く」とあるが、少なくとも私は賛成していないのだから、「総意」というのは間違いだ。校長もそう思わないか。

私　とても奇妙な論ですね。あなたの考えには同調できません。日本国憲法に反対する立場から公立学校の教育の在り方を批判されてもくみするわけにはいきません。

吉川氏　国旗が「日の丸」で国歌が「君が代」とは法律で決められていない。「日の丸」を国旗と呼び、「君が代」を国歌と呼ぶのは根拠がない。

私　日本には国旗も国歌もないとあなたは言われるのですか。それでは、日の丸・君が代はいったい何ですか。

吉川氏　あれは、右翼の旗、右翼の歌だ。

私　そんな主張は社会通念上通用しません。国旗・国歌を法律で定めている国もあれば定めていない国もあります。日本の場合、「日の丸」が国旗であり、「君が代」が国歌であることは、慣習法として成立しています。各種判例もそのような観点に立っています。

佐藤氏　判例がどうのこうのと言うが、それがいったいどうしたと言うのか。法律で決まっていないことを押しつけるのはおかしいではないか。

私　押しつけではありません。正当な手続きを経てもうけられた学習指導要領に定められていることを教育行為として行うのです。国旗・国歌の指導が「押しつけ」ならば、学習指導要領が定める他の部分も「押しつけだからいけない」と言うのですか。

佐藤氏　そうだ。学習指導要領そのものが押しつけなのだ。

私　そのような主張には賛成できません。

吉川氏　日の丸・君が代に対して嫌な思いをする外国籍の人もいる。そのようなものを持ち込むべきでない。

私　そのような理由で国旗・国歌に反対することが正当であれば、いったいどこの国の国旗・国歌にその資格があると言えるでしょうか。そのような主張が、国際社会に通用するとは思えません。

結局、二人は怒って帰りました。私も何とも言えぬ後味の悪い思いがしました。保護者とこんな議論をしなければならないとは、校長に成り立てのときには思いもしなかったことです。

この日夕刻には、分会役員がやって来ました。例によって、国旗・国歌をやめさせようと言を弄して私を責めました。結局これまで幾度となく交わした会話の繰り返しでした。正攻法ではうまくいかないと思ったのか、分会はこの日は次のように搦め手で攻めてくる場面もありました。

分会　国歌演奏のときに、「ご起立ください」と教頭が言うとのことだが、起立を強制するのか。

私　国旗を掲揚し、国歌を斉唱（演奏）するときには起立をするのが国際社会の礼儀である。教頭が「ご起立ください」と言うのはその趣旨に基づくものだ。立たない人を「立ちなさい」と手を引っ張って立たすわけにはいかないという意味において、「強制」ではない。

分会　校長は、「職務命令を出すつもりはない」と言ってきたが、間違いないか。

私　問答無用に職務命令を発して高圧的に「やりなさい」という態度はとらないという趣旨だ。私が「お願い」したとき、「修正案を出せ」と言われたので、校長が言う「お願い」の性格について触れざるを得なくなり、「『お願い』は『職務命令』の性格を有する」と説明した。

分会　前回の職員会議で、質問に対して、校長が答えたことはどうであったか、確認したい。

私　前回の職員会議で、「式場の前の真ん中に日の丸を掲げよとの通達があったら、そうするのか」との質問があり、「現在の学習指導要領はそこまで求めていないし、そのような通達が行われるとも思えない。国旗は式場正面に掲揚するのが本来の形だと思う」と答えた。

分会　学習指導要領には、「国歌を斉唱するよう指導するものとする」とある。校長が「お願い」しているような「開式の前の国歌の演奏」は、学習指導要領を守ったことになるのか。

私　本来、「国歌斉唱」は、式次第に入れて実際に斉唱することを指していると理解するのが、社会通念上の常識であると思う。しかし、これまで何度も説明してきたように、経緯上、式次第がすでに決まっているので、譲歩して、「開式の前の演奏」をお願いした。しかし、これは本来の在り方とは違うので、是正されなければならないと考えている。したがって、入学式には式次第に入れて実際に斉唱することをお願いしている。

分会 校長の裁量で、斉唱してもしなくてもよいということではないか。そうであれば「演奏」も校長の裁量でやめることもできるのではないか。

私 そうではない。本来は「斉唱する」のが正しい在り方だ。したがって、「演奏」は学習指導要領の趣旨に照らして適正を欠くものであり、是正が必要だ。

分会 学校全体を式場と考えて、日の丸・君が代を取り扱ったらどうか。必ずしも式場にこだわる必要はないのではないか。日の丸をこれまで通り玄関だけに揚げるとか、君が代を校長室で校長が歌うとか。

私 まともな主張とは思えない。児童生徒の目や耳に触れないところで国旗を掲揚し、国歌を斉唱しても、「入学式や卒業式などにおいては、その意義を踏まえ、国旗を掲揚するとともに、国歌を斉唱するよう指導するものとする」という学習指導要領の趣旨に合うものとは思われない。式が実際に行われている式場に国旗を掲揚し、国歌を斉唱するのが正しい在り方だ。学校全体が式場だと言うのならば、国歌を学校全体に流せということか。

分会 そんなに君が代を斉唱したければ、校長が中で歌ったらいいではないか。

私 入学式や卒業式で国旗を掲揚し国歌を斉唱するよう指導することは、校長の責務である

分会　が、児童生徒を実際に指導するのは教員の仕事だ。それをしないのは職務怠慢であり、職務放棄と言われても仕方がない。やむを得ない場合には、本来の在り方とは違うが私が児童生徒に指導してもよい。

私　「ご起立ください」と言われてどうしたらよいか。講師の先生方はとても不安に思っている。来年度の任用のこともあり、弱い立場であることを考慮してもらいたい。

分会　立つ、立たないを、任用の判断基準にすることなど考えたこともない。

私　教育課程の編成権は学校にあると確認してよいか。

分会　よい。編成権が学校にあることは、学習指導要領にも明記されている。

私　卒業生が着席したあと、開式に先立って君が代の曲を流すということだが、卒業生が入場しなければどうなるのか。

分会　入場しなければ、式そのものが成り立たない。国歌を演奏することもできない。

私　それなら、卒業生を入場させなければよい。そうしたい。

分会　そのようなことをすれば、国旗・国歌に反対することとは別の問題が生じることになる。心の中で反対することは各人の自由であり、思想・良心の自由として憲法でも保障されているが、反対だからといって卒業生を式場に入れない行為は、許されない。教員にそこまでの自由や権限は認められていない。万一そのような行動をとれば、式そのものを妨害することになる。校長が職務として指示したことを教員が行って混乱が生じた場合は、校長だけがその責任を問われるが、校長の指示に背いて混乱が生じた場合は、校長だけでなく当該職員の責任も問われることになる。そのようなことはしないでもらいたい。

分会 君が代演奏のときに起立を求めるとのことだが、職員や保護者だけでなく、生徒たちも立つ者と立たない者が出てくる。子どもたちの中には、興奮して会場内を駆け回る者も出てくるかもしれない。式が混乱することは目に見えている。どうするのか。

私 子どもたちが混乱して式場内を駆け回るような状況が予測されるときには、国旗・国歌に反対する気持ちとは別に、子どもたちを指導する責務が教員には当然ある。混乱しないように指導をお願いしたい。

どうでしょうか。一般社会の人の目からすれば、なんとばかなことをしているのかと嗤われてしまうような内容です。分会の主張を一見するだけで、彼らの主張が社会通念から大きく乖離していることがわかるのではないでしょうか。しかし、彼らは、悪気なしに、本気でこんなことを言っているのです。ここに、問題の本当の深刻さがあります。

校長室に国旗を掲揚し、校長と教頭だけで国歌を斉唱して、教育委員会には「実施しました」と報告したという話を、私は以前に勤務した学校で聞いたことがあります。当時その学校の校長は、おそらく組合の連日の嫌がらせに辟易して、仕方なくそのようにされたのだと思いますが、組合のしつこさと主張の異常さ、それに振り回されている学校の現状は、本当に嘆かわしいことだと思います。

年度の早い段階から私は、教職員の抵抗が強い学校の状況を逐一報告し、教育委員会の指導を仰ぎながら取り組んでいました。教育委員会は、はじめの頃は校長会の席などで、「校長を支えるからしっかりやってもらいたい」などと盛んにハッパをかけていましたが、卒業式が近くなり、学校現場に緊張が増す頃になると、言うことが少しずつ変わってきました。

私だけがそう感じたのかもしれませんが、言葉の行間に「混乱のないように、慎重に……」などといったニュアンスが感じられるようになったのです。「卒業生を式場に入れない」とか「生徒がパニックを起こして騒いでも知らない」などと言い出す教員もいることやPTA会長からの申し入れがあったことなどについて報告すると、ついに担当課長から、「無理をしないでくださ い」などという言葉が返ってくるようになりました。

「無理をしなければ、できません。国旗・国歌のことになると、教職員は目の色を変えるのです」と私は言ったものの、混乱が生じれば、「だから無理するなと言ったではないか」などと言われるかもしれない。

生徒や保護者を混乱に巻き込んではいけない、妥協点を見つけなければ収まらないのではないか、などという気持ちが膨らんで、精神的にゆとりを失っていました。それに、分会や保護者などとの連日の話し合いや教職員に配布する文書作成などで、校長の日常の仕事がほとんどできず、私は、三月十日に卒業する生徒たちの通知表にさえ目を通すことができない状況でした。

情勢は動き始めていました。校長の自殺という痛ましい出来事をきっかけにして、国会では国旗・国歌の法制化の動きが活発になっていました。

教員や保護者などと話すときには毅然と振る舞っていたものの、私の気持ちは揺れ動き、学校に行けばそこは針のむしろでした。胃痛が激しく、食欲も減退していました。

なんとか平穏無事に卒業式を終えなければならない、そのことばかりを考えていました。熟慮に熟慮を重ねた挙げ句、私は或る決断をしました。「生徒や保護者を混乱に巻き込んではいけない」という一点で、私は分会に妥協案を示すことにしたのです。

これは大きな矛盾を孕《はら》んだ決断でした。入学式や卒業式の国旗掲揚・国歌斉唱は、管理運営事項であり、組合が口出しすべきものでも組合分会の了解を得なければならないものでもありません。そのことは十分にわかっていましたが、組合分会が国旗・国歌に反対し、抵抗の先頭に立って教職員を動かしているという否定し難い現実があり、分会とうまく折り合いを付けなければ、現下の状況を切り抜けることはできないと思ったのです。

しかし、この判断は、やはり誤りでした。あとで矛盾点を逆手に取られて、私はいっそう追い詰められることになりましたが、このときにはそれを洞察する心のゆとりさえも失っていました。

三月三日（水）、始業前に私は分会長と書記長を校長室に招き、次のように言いました。

「これまで、校長として先生方にお願いし説明してきたことは間違っているとは思わないが、一連の話し合いの経過や結果及び国の国旗・国歌法制化の動き等を踏まえ、子どもや保護者を混乱に巻き込まないで式を平穏且つ厳粛に行う観点に立って、君が代の演奏時に起立を求めない形で行いたいという腹づもりでいる。理解してもらいたい」

これに対して、二人は「校長のこれまでの誠実でまじめな対応は評価している。校長が言ってきたことは校長の立場として当然だと思っている。ただ、今の話は、『聞いた』ということに留めさせてもらいたい。『わかりました。それで結構です』と我々二人で言えることではない」と答えました。時間の都合上、ここで一端話を打ち切りましたが、私は、二人の様子からなんとか妥協点が見出せるのではないかと少し安堵していました。

共産党市会議員たちの「視察」

この日、訪問者がありました。高等部二年生の保護者の佐藤氏（三月一日に申し入れに来た佐藤氏の妻）及びB校卒業生の母親二人（香川氏と古田氏）が国旗・国歌反対の申し入れにやって来たのです。三名とも、共産党の影響下にある「障害児を守る会」という組織のメンバーでした。おそらく分会かその背後にある共産党の働きかけに応じてこのような行動に出たものと思われます。

申し入れの要点は、次の五点でした。

①日の丸・君が代の押しつけは戦前の在り方への逆戻りだ。
②学習指導要領で決めてあっても、教育のことは学校で話し合って進めるべきだ。
③これまでやっていなくても問題がなかったのに、校長が替わった途端にやるというのはおかしい。
④校長は子どもや教員を守る盾になってもらいたい。
⑤障害児に君が代を教える意味があるのか。

私は、校長としての考えを述べ、申し入れを断りました。すると佐藤氏は「職員が日の丸を降ろしたり持ち去ったりしたら、公務員の職務義務違反になるでしょうが、保護者がそういうことをしたらどうなりますか」と言ったのでした。

私は、沖縄県読谷村《よみたんそん》の日の丸焼き捨て事件の判例を引き合いに出して、日の丸に反対する自由はあっても、引き下ろしたり持ち去ったりする自由までは認められていないことを説明し、そのようなことのないように理性ある対応をお願いしました。佐藤氏は「実際にそんなことをするつもりはない」と答えましたが、私にはかなりの圧迫感を与える発言でした。

この日の夕刻、私は分会長の坂田教諭と書記長の吉田教諭を再び校長室に呼びました。始業前に話し合ったことを踏まえ、もう一歩の詰めをするのが目的でした。

が、その前に、この前の職員会議で私が述べた大切なポイント、つまり、「卒業式において、式場の壇上に国旗を三脚で立てる形で掲揚すること」「式次第の前に国歌の曲を流すこと」が記録されていないことを指摘し、職員会議の書記を務めていた坂田教諭に正しく記録するよう求めました。

しかし、坂田教諭は、これを拒否しました。私は重ねて記録するよう求めましたが、頑として聞き入れません。これは明らかに職務怠慢であり、厳正に言えば「職務命令違反」でもありますが、別の機会に指導することにし、この場は始業前にした話の続きを詰めることにしました。概要は次のようなやり取りでした。

私　情勢は刻々動いている。議論は十分にしてきた。立場や主張の違いを超えて、実際にどうすればよいいか、知恵を出し合わなければならない段階にきている。今朝、国歌演奏時に起立を求めない腹づもりであると私は言ったが、どう考えているか。

分会　……。

私　式を平穏且つ厳粛に行うことを第一に考え、子どもたちや保護者を混乱に巻き込まない観点に立って、私としては次のようにしたい。

①　入学式は、国旗は式場の壇上に三脚で掲揚する。国歌は演奏も斉唱もしない。

②　小・中学部の卒業式は、入学式と同様、国旗を式場の壇上に三脚で掲揚し、国歌は演奏

も斉唱もしない。
③ 高等部の卒業式は、国旗を式場の壇上に三脚で掲揚し、国歌は開式に先立って曲を演奏する。起立は求めない。

吉田 これは、これまでの議論等を踏まえ、校長としてはぎりぎりの選択であり妥協である。「妥協」の性質上、双方に不満の残るものであるが、式を平穏且つ厳粛に行うことを第一に考え、子どもたちや保護者を混乱に巻き込まないという一点において、双方が理解し合える内容であると思っている。

坂田 起立を求めず君が代を演奏するのはまあいいとしても、いずれの式にも日の丸を式場に掲揚するのは困る。壇上の旗は在校生の正面に見える。これまで通り玄関に三脚で掲揚する形にしてもらいたい。

私 書記長とは意見が違う。日の丸は以前にも式場に掲げられていたことがあり、以前の形に戻るわけだからあまり抵抗はないが、君が代は困る。旗は壇上にあっても見なければよいが、歌は、曲がイヤでも聞こえてくる。君が代に対する抵抗感の方が日の丸に対するそれよりも強い。
これまで、一貫して、卒業式には開式の前に国歌を演奏し、入学式には式次第の中に入れて斉唱することをお願いしてきた。このことからすると、入学式と小・中学部の卒業式に国歌を一切実施しないというのは、校長の立場からすればとても大きな譲歩である。高等部の卒業式であれば、生徒もずいぶんしっかりしており、聞き慣れない曲が流れてもパニックを起こす恐れはないと思われることを考慮し、了解してもらいたい。先ほども言ったが、これはぎりぎりの選択であり、妥協である。妥協であるので双方に不満が残るが、子どもたちや保護者を混乱に巻き込まないという点において一致できるはずだ。

二人は逡巡したあと、「納得はしないが、理解はできる」と言い、私の提案に首肯しました。双方で次のことを了解し合いました。

① 分会はその立場上、式の当日、校長に対して抗議声明文を手交して抗議する。
② 三月八日（月）の運営委員会で、校長が最後の判断を示し、臨時職員会議を招集して全職員にその内容を徹底する。
③ 日の丸は、式が終了したらすぐに降納する。
④ 予行演習のときには日の丸・君が代については触れない。

私はこれを、「八日（月）の運営委員会で明らかにする」「同日午後スクールバス下校後に臨時職員会議を招集して全教職員に徹底する」ことを二人に説明し、「このことは、それまでの間伏せておいてもらいたい」と付け加えました。坂田分会長が、「これは、今度の卒業式と入学式についてだけですね」と念を押したので、私は、「そうです」と答えました。

明けて三月四日（木）、二人のPTA役員と懇談しました。副会長の西川氏と山下氏です。会長の吉川氏は、私に国旗・国歌反対の申し入れをした日以来、PTAの仕事には一切顔を出さなくなっていました。私は、お二人に国旗・国歌に関わる一連の経過について報告するとともに、子どもたちや保護者を混乱に巻き込まない観点に立って、これまで教職員に指示してきた内容を一部変更する可能性があることを説明し、ご理解をお願いしました。両氏は、次のような考えを述べられました。

① 入学式や卒業式に国旗を掲揚し国歌を斉唱するのは当然のことである。多くの国民が支持している。

② 自分が反対だからと言って、生徒を式場に入れないなどと言うのは許されない。先生方は子どもたちのことをどう考えているのか。

③ 多数決で反対を決めて、それを校長に「守れ」と言うのなら、保護者にも多数決をとればいい。保護者は賛成の方が多い。

この日の午後、中学部三年及び高等部三年の教員集団約三十名が、突然校長室にやって来ました。

「どうしました？」

尋ねるやいなや、「卒業式委員会が職員会議に提案した通りの形で卒業式をお願いします」との声が返ってきました。国旗掲揚、国歌斉唱はしない形で式を行ってほしい、と言うのです。私は次のように答えました。

「議論は十分に行ってきた。今は、議論をしているときではありません。いかにして、式を平穏且つ厳粛に行うか、皆で知恵を出すべきときです。情勢の変化やこれまでの議論を踏まえ、保護者の「賛成」「反対」の申し入れにも配慮しながら、子どもたちや保護者を混乱に巻き込まないことをベースに、どうすればよいか、校長として最終判断をしたい。双方に不満が残る形になるかもしれないが、妥協点を見つけ出したいと思っています」

三月五日（金）には、ＰＴＡ役員会と実行委員会が開催されました。私は、国旗・国歌に関わる情勢等について説明し、十二月に説明した卒業式・入学式の形が一部変わる可能性があることを説明しました。その際、広島県の高校で校長が自殺された問題にも触れ、国旗・国歌のことで校長は追い詰められている状況にあることも説明しましたが、不覚にも私は、自殺した校長の無念がそのときの私の心情と重なって感極まり、落涙する醜態を曝してしまいました。

副会長の西川氏は、実行委員会終わりの挨拶で、次のように述べられました。

「入学式や卒業式は、子どもたちにとって大切な式典である。国旗を掲揚し国歌を斉唱するのは当然のことであり、多くの国民も支持していることである。先生方は、子どもたちのことを第一に考えて、行動していただきたい。自分の主義・主張で、子どもたちを置き去りにするようなことはしないでいただきたい」

卒業式を間近に控えた頃、共産党の大西三郎氏から電話が掛かってきました。私に会って話を聞きたい、と言うのです。大西氏は、私が以前に勤務していた高等学校の同僚でしたが、すでに教員を辞めてそのときは共産党の活動家になっていました。

次期地方議会選挙に共産党公認で立候補するとのことで、街のあちこちにポスターを貼り、駅頭などでよく演説をしていました。私は、卒業式を控えて多忙で、とても時間が取れないことを説明してお断りしました。しかし、大西氏は、「是非お願いしたい」と押してきました。

私は、「ピーン」ときました。分会が手を回した、いや、分会が共産党の指導を受けて、大西氏に私を会わせる手配をしたのだと思いました。この辺りの事情は、私も組合活動の経験があるのでよくわかります。分会が、共産党の指導を仰いだのだと思います。国旗・国歌のことで私に圧力をかけに来る意図が見え見えでした。

「国旗・国歌の件ですか?」

尋ねると、大西氏は「とんでもない。そんな野暮なことはしませんよ」と笑い、「B校の老朽化した校舎を視察したいのです。市会議員を連れていきます」と答えました。

かつて私は、組合運動が、左翼イデオロギーで固まった政党の政治運動の手足として機能していることに気付き、「こんなことをするために教員になったのではない」と思い直して、組合から身を退いた経験があります。校長になる十数年前のことです。私の経験では、政党は組合活動に実によく口出しをしました。口出しというより、政党の指導の下で組合が動いていた、いや、政党の政治活動と一体だったと言っても良いほどでした。

私は、とてもお会いできる状態ではないと、大西氏の申し出を重ねて断りました。しかし、彼は退かず、次のようなやり取りになりました。

大西氏　何とかお願いしたい。

私　十日の卒業式の後であればお会いできますが。

大西氏　いや、急いでいるのです。十日までにお願いしたい。

私　とにかく忙しくて、ご要望には応じられません。

私は、なんとか断ろうとしましたが、大西氏は強引でした。「会いたい」の一点張りでした。やはり、十日の卒業式を睨んでのことであることは明白でした。

私は、断り切れなくなり、時間を一時間に限って会うことにしました。

三月六日（土）午前十時に共産党の大西氏がやって来ました。共産党市会議員の後藤氏と地域の新日本婦人の会会長の斉藤氏の二人を伴っていました。

彼らは、さすがに国旗・国歌のことには一言も触れず、「老朽化したB校の校舎の実情を視察するために伺いました。議会で追及するための資料にします」と言い、校舎の状況を私に説明させ、校内を巡回して写真を撮って引き揚げていきました。一時間に満たない短い時間でした。このような用件なら、なにも卒業式の前でなければならない理由はないはずです。彼らの目的は、やはり私に圧力をかけることだったのだと思いました。その後「議会追及」に関して何の報告もありませんでした。

同じ日に、分会長と書記長が、「昨日、組合の職場集会を開いたが、その結果を踏まえて申し入れたいことがある」と校長室にやって来ました。彼らは、私の妥協案をもとに、分会内部で議論したようです。分会員たちは、私の不安定な心理状況に気付き、「妥協案には納得できない。校長が完全に断念するまで押し通せ」ということになったのでしょう。次のようなやり取りになりました。

分会 高等部の卒業式で君が代の曲を演奏することは、やはり、やめてもらいたい。

私 三日（水）に示した内容は、こちらとしてはぎりぎりの選択であり、妥協である。子どもたちの様子を観察してみて、君が代の曲が流れてもパニックを起こすとは思えない。この前もそのことを説明し、飲み込んでもらったはずだ。

分会 飲み込んだわけではない。校長の言うことを「理解できる」と言っただけだ。君が代の曲

私　を流すことに抵抗感が強く、組合員がどうしても納得しない。

子どもたちや保護者を混乱に巻き込まないという点で一致できるわけだから、主義・主張が異なっても大人の対応をしてもらいたい。

分会　「八日も九日も、式当日の十日も交渉せよ」というのが分会員の要求だ。交渉させてもらう。

私　あなた方も立場があるのだから、やむを得ない。話し合いには応じる。

私は、分会役員が腹を割って妥協案を提示したこちらの心情を察して、信義を守るものと思っていましたが、あとで自分の甘さを思い知らされることになりました。

ここで、B校の教職員組合に関わることについて少し触れておきます。

昭和の終わりから平成にかけて、日本労働組合総連合会（連合）への加盟を巡って日本教職員組合（日教組）は分裂しました。共産党系の反主流派は全日本教職員組合協議会を結成して全労連に加盟しましたが、後に日本高等学校教職員組合（日高教）の一部と組織統合して全日本教職員組合（全教）を結成しました。

大阪教職員組合（大教組）は全教の加盟単組となり、大教組と袂を分かった組合員は大阪府教職員組合（大阪教組）を結成して日教組の加盟単組となりました。大教祖の加盟単組である障害児学校の教職員組合も大教組とともに「全教」に加わりました。私がB校に勤務していた頃も、

B校の組合は全教傘下の大教組に加盟する組合の分会でした。

障害児学校の組合が何故共産党系なのかについては判然としませんが、体験的に言えばおそらく、障害児教育に早い段階から関心を寄せていたのが共産党であったからではないかと思います。共産党は、今でもそうですが、当時日の当たらない部分によく働きかけをして影響力を強めていました。障害児を持つ親の会の「障害児を守る会」が共産党の影響を強く受けているのもそのためだと思われます。

一方の社会党系は昭和四十年代の終わり頃から障害児教育について積極的に発言するようになりました。「養護学校は障害児を隔離するもので、差別だ」と主張し、すべての障害児を一般校に入れるべきだとするいわゆる「養護学校不要論」を声高に叫び、共産党系の障害児学校教職員組合と激しいせめぎ合いを繰り広げるようになりました。

平成八年に村山内閣が総辞職した後、社会党は現在の社会民主党（社民党）に衣替えをしましたが、一部は民主党に流れました。その結果、社会党の支持母体だった日教組は主に民主党の支持母体となりました。地方組織の中には社民党の支持母体となっているケースもあるようです。

すでに現場を離れた私は今、日教組のイデオロギーがどうなっているかについてはよくわかりませんが、学校における「国旗・国歌反対」の動きが現在も伝えられていることからすると、相変わらず左翼的なイデオロギーに立脚しているように思われます。共産党系の全教が左翼イデオロギーに立脚していることは言うまでもないでしょう。

三月八日（月）、分会書記長の吉田教諭が校長室にやって来て、「高等部三年の保護者が校長に申し入れをしたいそうです。会ってあげてください」と言いました。私は、「また、策を弄したな」と思いました。吉田教諭が保護者に、国旗・国歌に反対するよう働きかけていることは私の耳にも入っていました。あとでPTA副会長の西川氏から聞いたところによると、吉田教諭に働きかけられた保護者（母親）三人は、困って副会長に相談されたとのことでした。

私は、三氏に、式が平穏厳粛に行われることを、校長としても切に願っていること、これまでの職員との議論結果や保護者からの申し入れ、学習指導要領の趣旨、教育委員会の指導、社会情勢等を勘案し、子どもたちや保護者を混乱に巻き込まないやり方で式を行うことを現在思案中であること、本日下校バスが出たあと、職員を集めて最終的な判断を示すことにしていること、などについて説明しました。

これに対して、三氏は「私たちは、国旗・国歌に賛成でも反対でもありません。平穏に混乱なく式が行われるよう願っています。それだけです」と言い、丁寧にお辞儀をして、済まなそうに部屋を出て行かれました。私は一応安堵しました。

断腸の思いで最終判断

三月八日（月）に臨時職員集会を招集しました。本当は職員会議を招集するつもりでしたが、分会長が「職員会議は協議題の扱いなど手続きの上で問題も生じかねないので職員集会にしてはどうか」と言ったのを受け入れて、職員集会にしました。

職員会議は定足数を満たす必要があります。その頃、国旗・国歌のことになると年休届けを出して帰ってしまう教員が増える傾向にありました。おかしなことですが、それがB校教職員の実態でした。年休届けを出されると、校長はよほどのことがない限りそれを拒否することはできません。坂田分会長はそのことを言ったのだと私は思い、彼の申し出を受け入れたのです。

職員集会で私は、分会長らに事前に伝えた①入学式では、国歌の斉唱（演奏）は行わないが、国旗は式場の壇上に三脚で掲揚する②小・中学部の卒業式でも国歌の斉唱（演奏）は行わないが、国旗は式場の壇上に三脚で掲揚する③高等部の卒業式では、国旗を式場の壇上に三脚で掲揚したうえで、当初の予定通り開式の前に国家演奏するが、参列者の起立は求めないことを発表しました。

これに対して、職員から「なぜ高等部だけ君が代を演奏するのか」「高等部の生徒はしっかりしていると校長は言うが、内面上のパニックを起こす子がいる」「日の丸の掲揚も本当は困る。卒業式委員会の提案通りにやってもらいたい」「何度も練習を繰り返してやっと一つのことができる子どもたちに、いきなり聞いたこともない曲を聞かすと混乱することは明らかだ。君が代はやめてほしい」などの意見が出ました。すでにこれまで議論してきたことばかりであり、私は、聞き置く形をとって職員集会を散会しました。

反発はすぐに起こりました。午後六時過ぎに、高等部三年の担任団二十数名が突然校長室に押しかけてきて、「なぜ高等部だけ君が代を演奏するのか」「校長は、混乱は生じないと言うが、生徒の心の中の混乱はどうするのか」などと主張し始めました。私は職員集会で行った説明と同様のことを重ねて説明したものの、彼らは収まらず、しばらくわめき散らしていました。私は彼らの主張を受け入れず、引き取らせました。

ところが、午後七時過ぎになって、今度は坂田分会長、吉田書記長他数名の分会員が押しかけてきました。「交渉だ」と叫びながらいきなり校長室に押し入ってきたのです。分会役員以外の教員も数名加わっていました。

私　何の交渉ですか。

分会　卒業式のことだ。

私　話し合いはもう終わっている。最終判断を示したばかりではないですか。

分会　それが納得できないからだ。

私　妥協に納得などありません。飲み込むものです。

彼らは、問答無用の構えで居座わり、次の二点を強調しました。

① 校長がこれまで法的根拠として主張してきた「日の丸・君が代が日本の国旗・国歌であ

ることは慣習法として成立している」というのは、政府の見解からも崩れている。「慣習法として成立している」のであれば、政府は何故「法制化」が必要だと言い出したのか。

②「法制化しても、学校に強制はしない」と政府は言っている。まして法律でもない学習指導要領で国旗・国歌を学校に義務づけることはできないはずだ。

これに対して、私は改めて説明しましたが、分会は聞く耳を持たず、私が彼らの主張を全面的に受け入れるまで何時間でも居座る構えでした。

教員の数はどんどん増えていきました。これまで、何時間にもわたって繰り返し話し合ってきたことや妥協案まで示して収拾を図ろうとしたことはいったい何だったのか。

私は絶望的な気持ちになりました。この段階に至ってはじめて、私は、分会役員や教職員を信頼できなくなってしまいました。彼らは、私が誠意をもって対応してきたことなど一顧だにせず、自分たちの主張を通すためにこうして数を頼んで押しかけてきたのです。

「式当日の朝も交渉に来るぞ」

吉田書記長は、勝ち誇ったように叫びました。

私はその頃眠れぬ夜が続いていました。慚愧に堪えないことですが、私の心理状態は相当に追い詰められていました。自殺した石川校長のことが胸を衝きました。石川校長もこのような状況で追い詰められて自ら生命を絶ったに違いない。私は、崩れそうになる気持ちを必死で抑えました。彼らは、私が彼らの言う「交渉」に応じなければ、テコでも動かない構えでした。私は仕方なく、「明日の午前八時四十分に返事をする」と答えました。ようやく、彼らは部屋を出て行きました。疲労困憊でした。

一晩一睡もできずに思案に思案を重ねたものの、約束の午前八時四十分が近づいても、考えはまとまりません。約束の時刻に分会役員が校長室にやって来ました。

「もしこの人たちの要求を断ったら、明日の卒業式ぎりぎりまで居座って動かないかもしれない」という危惧が、一瞬、頭の中をよぎりました。

「混乱だけは避けなければならない……」

私は、仕方なく、国歌「君が代」の演奏を断念しました。断腸の思いでした。その途端、激しい胃痛に襲われました。悔しいことですが、これは、私の完全な敗北であり、大失態でした。

失態の始まりは、そもそも着任して最初の入学式に国旗掲揚と国歌斉唱を本来の形で実施しなかったことにあります。また、心理的に追い詰められたとはいえ、一度決めて職員に明言したことを貫くことができなかった私の弱さにあります。分会や教職員は、私のこの弱さを見抜いていたのです。それ故に連日攻勢をかけてきたに違いありません。

分会は、私が退いたことに気を良くし、かさにかかって攻めてきました。

「国旗掲揚もやめよ」と迫ったのです。もちろん彼らの要求は受け付けませんでしたが、私は自らの甘さを思い知らされました。

この日の職員朝礼で、私は、「不本意であるが国歌演奏をしない」と伝えました。

しかし、分会のしつこさは、さらに常軌を逸したものでした。なんと、高等部卒業式当日の三月十日朝八時三十分、私が来賓に応対をしている最中に校長室へ「国旗掲揚をやめよ」と押しかけてきたのです。

吉田書記長は、突然校長室に入ってきて、「校長は日の丸を式場の壇上に三脚で掲げることを表明しました。しかし私たちはあくまで職場の民主主義を守るという立場から、二月度の職員会議における職場合意ができないまま日の丸・君が代を式に持ち込むことを撤回してくださいという承認事項を最大限尊重するよう申し入れます」と要望書を読み上げ、「国旗掲揚を断念してもらいたい」と言いました。

私は「断念しない」と突っぱねましたが、彼は「残念である。式終了後に抗議に来る」と言い残して出て行きました。まさに傍若無人の振る舞いです。話し合いの経過を全く踏まえない彼らの行為に、私は、強い憤りを覚えました。

卒業式は、一見平穏に終わりました。国旗は本来正面真ん中に天井から吊す形で掲揚すべきですが、子どもたちの作品で壁面が飾られていることもあって、そこまではできませんでした。式場正面壇上右に三脚で掲揚された国旗を仰ぎながら、私は感無量でした。

来賓として出席する立場にあるＰＴＡ会長は、国旗掲揚、国歌斉唱に反対する立場から、式を欠席されました。

代わりに挨拶に立った西川副会長は、会長の挨拶を代読したあと、「これは私の個人的な意見ですが」と前置きして、次のように述べられました。

「卒業生の皆さん、壇上を見てください。壇上の左には校旗がありますね。右には日本の国旗日の丸があります。学校に校旗や校歌があるように、国にも国旗や国歌があります。先生方にお願いです。大人の主義・主張に子どもたちを巻き込まないでください。国旗・国歌について、子どもたちに正しい教育をしていただきますようお願いします」

これは、私にも事前には知らされていなかったことであり驚きましたが、西川氏の見識と勇気に感動を覚えました。

この西川氏の行為は、教員たちを一種の精神的パニックに陥れました。式終了直後から、分会や教員たちはヒステリックで異様な行動に出たのです。

式が終了して私は来賓とともに校長室へ引き揚げました。午後十二時四十五分、来賓をお見送りして式服を着替えていると、坂田分会長と吉田書記長がいきなり校長室に入ってきました。

「今着替えをしているので、ちょっと待ってください」と私が言うのも構わず、分会長は抗議文を校長の机上に置きました。

「抗議文は本来読み上げるべきものだが、他の案件があるので読まない。今日の卒業式におけるＰＴＡ副会長の個人的な発言について、校長はどう思うのか。校長としてどう責任を取るつもりか」

彼はそう言って私を睨み付けました。

「今日は学校のお祝いの日であり、そのような議論はしたくない。ゆったりとした気持ちでいたいので、引き取ってもらいたい」

私は答えましたが、二人は納得せず、押し問答となりました。彼らのこのような不作法を嘆かわしく思い、思わず言ってしまいました。

「あなた方には、惻隠の情というものがないのか」

ひとりでに溜息が出ました。

彼らの理不尽な怒りは収まりませんでした。

翌十一日午前八時四十分頃、坂田分会長他二名が私に抗議するため突然校長室にやって来ました。私がたまたま出張で不在でしたので、彼らは、教頭に「卒業式という公的な学校行事における私的な発言は許されません！」と題する抗議文を載せた「分会ニュース」を手渡し、「ＰＴＡ副会長の発言は、人権侵害だ」「新聞社が知ったら、喜んで飛びついてくるぞ」「裁判に訴えてもいいんだぞ」などと言い残して出て行ったということです。

こうなるともうとても正気の沙汰とは思えません。国旗・国歌のことになると、彼らはここまで常軌を踏み外してしまうのです。

異常な行動は分会役員だけに限りません。教頭の報告によると、スクールバスが児童生徒を乗せて学校に到着する午前九時少し前に、ＰＴＡ係の田中教諭と伊藤教諭が校長室に抗議に来て、

「昨日のＰＴＡ副会長の発言は遺憾である」と言って出て行ったそうです。

卒業式委員会の中学部、高等部の委員長である中田教諭と松下教諭の二人の女性教諭も校長室に抗議に来ましたが、私が不在とわかると何も言わずに出て行ったとのことでした。

分会の異常な行動はエスカレートしていきました。教頭の報告によると、三月十二日午前八時四十分、分会長と書記長が、抗議のために校長室に来ました。私が不在のため出て行きましたが、彼らは「ＰＴＡ副会長のあいさつについて、校長の見解を求める」と言っていたそうです。

「先生のお兄さんも侵略者だった…」

中田教諭のことが出たついでに、彼女にまつわる逸話を紹介します。

或る日、彼女が卒業式の式次第案を持ってきたので見ると、「校長式辞」とすべきところを「校長あいさつ」としていました。私が、「卒業式や入学式では、『あいさつ』ではなく『式辞』とするのが一般的です。直してください」と言うと、「『式辞』ではむずかしくて子どもたちにはわかりません。本校ではずっとこれできています」と主張して譲りません。

「むずかしいかもしれないけど、そういうものだと教えるのも大切なことです」

私は、一般的な「あいさつ」と卒業式などで行う「式辞」との違いにも触れながら説明し、書き直してほしいと言いましたが、結局彼女は聞き入れませんでした。その翌日わざわざ校長室に辞書を持ってきて、「これ見てください。『式辞』とは式場で述べる『あいさつのことば』と書いてあります」と言ったのでした。

私は、それは「式辞」の国語的な意味を説明しているのであって、「式辞」と表記すべきところを「あいさつ」として良い理由にはならない、と説明しましたが、頑として聞き入れませんでした。こんな些細なことにまで頑なに抵抗する彼女の姿勢に、私は唖然としました。

これも逸話ですが、国旗・国歌は戦争に繋がると言って私に抗議をした女性教諭がいました。私が、「戦争をイヤだという気持ちは私も人一倍持っています。私の兄は海軍の予科練に入り僅か十七歳で戦死しましたから」と言って、いつも肌身離さず持っている軍服姿の亡兄の写真を出して見せると、彼女は信じられないことを言ったのでした。

「先生のお兄さんも侵略者だった……」

あまりにも貧しい認識に、私は、愕然としました。

三月十二日（金）は、小・中学部の卒業式でした。予定通り式場壇上に国旗を三脚で掲揚し、式は平穏且つ厳粛裡に終わりましたが、坂田分会長は、とんでもない行動に出ました。

この日午後は、人事異動の内示文書を手交する日に当たり、私は当該教員を一人ずつ校長室に呼んで内示文書を手交していました。分会長の坂田教諭の番になり、彼を呼んで内示文書を手交して説明しましたが、彼は内示文書のことや私の説明には全く関心を示さず、「本日午後五時半から校長交渉を持ちたい」と言ったのでした。

私は、公務の席でそのようなことを言う坂田教諭をたしなめるとともに、「今日は、人事異動ました。

折しも行われていた公職選挙の日本共産党推薦候補の選挙チラシを取り出して、「校長もこれを読んで、今教育がどうなっているか勉強してもらいたい」と言い、カンパ袋までも出して、「カンパをしてもらいたい」と言ったのです。

私は、教育公務員として許されないものであると厳しく注意しましたが、彼は聞く耳を持たず、チラシとカンパ袋を机上に置き、肩を怒らせて校長室を出て行きました。

これで収まる彼らではありません。私が交渉には応じられないと言明したにもかかわらず、午後五時半頃、分会五役が押しかけてきました。突然「交渉だ」と叫んで校長室に入り込み、険しい表情で私に迫りました。私は「分会長に説明した通り、人事異動の内示で忙しいので話し合いには応じられない。校長室には立ち入らないでいただきたい」と立ち塞がりましたが、分会は聞き入れず、押し問答となりました。

私が毅然と対応したため引き揚げていきましたが、去り際に、「早めに交渉に応じた方が、校長の身のためだ」とか「今度の職員会議は大変なことになるぞ」などと捨て台詞を吐いていきました。もはや、教員としての理性も何もあったものではありません。まさに無法者の所業です。

三月十六日（火）、ＰＴＡ副会長の発言について私の責任を追及するために、分会役員がまたやって来ました。私は彼らが指摘した五つの点について、私の考えを述べて、彼らの主張の誤りを指摘しました。きちんと説明しましたが、彼らは納得せず、激しく私を責め立てました。
十七日（水）には、高等部三年の担任団が突然校長室に入り込み、高等部卒業式におけるPTA副会長の発言について、口々に、「校長の責任を問う」「校長の見解を聞きたい」「我々の気持ちを聞いてほしい」などと要求しました。私は、胃痛などもあって体調が悪く、その場は、「文書で回答する」と答えて彼らを引き取らせました。

教育委員会に叱責を受ける

十九日（金）になると、分会はPTA副会長の高等部卒業式における発言について五項目にわたって私に回答するよう求め、「分会ニュース」で大々的にそのことを報じました。高等部三年担任団の教員に対して「文書回答する」と約束したことでもあり、私は、次のような文書を準備して全職員に配布しました。

高等部卒業式におけるPTA役員挨拶についての見解

分会は、「分会ニュース」に「卒業式という公的な学校行事における私的な発言は許されません」というタイトルの一文を載せ、その中で、五項目の論点を掲げて私（校長）に見解を求めてきました。三月十六日（火）に分会との話し合いを行い、私は、全ての項目について回答しました。以下、その要点についてまとめておきます。

①「卒業式という公的な学校行事に、誰であろうと私的な発言を行うことは、許されることではない」

《回答》「私的な発言」といっても、ヤジ等の不規則発言ではなく、PTA役員が、卒業式のあいさつの中で「これは私の個人的な意見ですが」と断った上で行った発言である。当該PTA役員の見識に基づく発言に関して、校長として、その是非についてコメントすることはできない。「あの発言は、あいさつには含まれない。あいさつが終わった後の個人的な発言であり、許されない」と分会は主張するが、PTA会長が欠席のため、副会長が会長のあいさつ文を代読したあと、断りの上で、私見を述べたものであり、私は、常識的にあいさつの一部であると理解している。

②「この問題の責任は、昨年末のPTA実行委員会での学校長の発言に端を発している」

《回答》 PTAの役員が卒業式のあいさつで述べた内容を問題視し、その問題の責任が校長にあるなどとする主張が正しいものであるとは、とても思えない。昨年十二月一日（火）のPTA役員会・実行委員会で、私が述べたことが発端であると分会は主張するが、論理が飛躍しているように思われる。

③「発言に拍手を送った来賓として来ていた教委の参事については、この発言に賛意を表していることになり、教委自ら『公的な学校行事に私的な発言を持ち込むことを容認』したことにな

る。このことについては、教委の見解を求めるべきである」

《回答》 卒業式等において、挨拶が終わったときに参会者が拍手を送るのは、儀礼上の通例である。それ以上のことは、コメントできない。校長として、教育委員会の見解を求める必要があるとも思わない。
④「式後右の『抗議声明』を元に学校長に抗議しに行った時、この問題について見解を求めたが、『今日はお祝いの日なので議論する気はない』と拒否してきた。学校長の責任としてどのように対処するのか見解を明らかにすべきである。又、同時に職場論議をつくし、学校としての対応を明らかにすべきである」
《回答》 卒業式は、学校のお祝いの日である。平穏且つ厳粛のうちに式が終わったばかりで、私はそのことに安堵し、ゆったりとお祝いの気分を味わいたいと思っていた。そこへ分会長と書記長がいきなり入ってきて、PTA副会長の発言について私に抗議調で迫り、「見解」を求めてきたため、私は「式が終わったばかりであり、ゆったりとお祝いの気分に浸りたい。今日は学校のお祝いの日であり、議論はしたくない。引き取ってもらいたい」と断った。「見解」を述べれば、必然的に議論を余儀なくされると判断したためである。

　卒業式におけるPTA副会長の私見表明に関する私の見解は、右①で述べた通りである。
⑤「分会として明日の小学部・中学部の卒業式をはじめ、今後このようなことが起こらないよう学校長に申し入れる」

《回答》あいさつの中で個人が私見を述べることを止めることは、よほどの例外を除いてできることではないし、してはならないことだと私は思っている。

分会の無分別なしつこさはこんなことでは止まりません。

三月二十三日（火）付けの「分会ニュース」は、なおもこの問題を取り上げ、私が回答した文書の言葉尻を捉えて、難癖とも取れる批判を展開しました。

三月二十六日（金）、私は再反論文書を、分会書記長に渡しましたが、彼らが納得するわけもありませんでした。

記録が抜けているため日付ははっきりしませんが、ちょうどこの頃、教育委員会から呼び出しを受けました。卒業式で国旗掲揚や国歌斉唱をしなかった学校の校長が全員呼び出されていました。校長たちは叱責を受けました。私は、日頃から教育委員会に報告・連絡・相談をこまめに行って、助言を仰ぎながら進めてきた経緯があり、教育委員会はB校は当然国歌斉唱ができるものだと思っていたようです。

「なんであんたがここにいるんだ」と教育委員会の幹部はいぶかしい目で私を叱りました。今更あれこれ言っても仕方がありません。弁解になると思って私は何も言わず、黙って頭を下げました。どんなに誠心誠意頑張っても結果が全てなのです。教職員がいかに酷い仕打ちをしようとも、こうして校長だけが責任を取らされる。校長とはそういう役職なのだと、私は自分に言い聞かせました。

年度も押し詰まり、私は、激しくやり合った国旗・国歌の問題について総括文を書くことにしました。こちらの失敗を繰り返さないためにも、教職員の不作法な振る舞いを戒めるためにもそれが必要だと思いました。立ち話でしたが、顔を合わせたときに分会長にそのことを伝えました。三月二十九日（月）、分会長と書記長が「交渉したい」と言って校長室へ来ました。彼らは、次のことを私に尋ねました。

① 日の丸・君が代問題の総括文はいつ出るのか。
② 卒業式について、教育委員会にどのように報告したか。
③ 入学式では日の丸・君が代をどうするのか。

私は、公務で多忙のため、話し合いには応じられないと断りました。二人は聞き入れず、十分ほど押し問答になりました。

校長一年目の国旗・国歌の騒動は、これで一応の幕となりましたが、自分の失態や指導力のなさへの悔恨、揺らいだ教職員への信頼、今後の職務遂行への不安、そんな気持ちが入り交じって私は、暗澹たる心理状態に陥っていました。気持ちを整理するためにも、総括文を懸命に書きました。つい感情が入って文章が飛び散り、何度も書き直しました。

第三章　国旗・国歌法が制定されても

またあの「決議」を読み上げた

年度が替わって四月二日（金）、私は、吉田教諭を校長室に呼びました。彼は、坂田教諭が転勤したことに伴ってこの年度から分会長になっていました。

書き上げた総括文を渡し、事実関係に間違いがないか読んで確かめてほしいと頼みました。分会とのやり取りのこともかなり書いていたからです。

その晩、帰宅後に吉田教諭から電話があり、「総括案について意見がある。話し合いをしたい」との申し入れがありました。

四月五日（月）は、年度最初の職員会議でした。分会は、会議の冒頭にまたあの「主任制反対決議」を読み上げました。昨年私が注意をしたことなど全く無視しています。私は、即座に起って、「そのような決議を職員会議であげることは間違っている」と指摘しました。

私はあらためて、「決議」に盛り込まれている考え方の一つ一つについて、その問題点を明らかにする文書を作成し、全職員に配布しましたが、彼らは頑として非を認めませんでした。これではどこまで行ってもいたちごっこです。一般社会では許されないことが、こんな形でまかり通っている。それが学校なのです。

さて、国旗・国歌です。職員会議で、私は本年度の学校運営方針を述べ、その中で、国旗・国歌の取組についても次のように触れました。

「いろいろ経過があり、今度の入学式には国歌斉唱をしないと言ったが、本来これは実施すべきものであり、本年度からは、学習指導要領に基づいて国旗・国歌の指導を日常の教育活動で行ってもらいたい。本年度の卒業式から学習指導要領の規定通り実施するつもりです」

教職員からは、何の反応もありませんでした。

この日の夕刻、吉田教諭と前年度の分会長であった坂田教諭が校長室にやって来ました。「総括文」について話し合いに来たのです。坂田教諭は他校へ転勤していましたが、昨年度の総括文という関係で吉田教諭が呼んだのでした。

彼らは、「卒業式で国歌は流すが、起立は求めない」という一旦は妥協した事実を明らかにされることに強く抵抗しました。分会員から反発を買うのではないかと恐れたのかもしれません。

分会の不作法な行動は、年度が替わっても変わりませんでした。入学式当日の四月七日（水）朝八時四十分頃、分会五役が突然校長室になだれ込んできました。そのとき私は、教頭、事務長とともに入学式の打ち合わせをしていました。

分会長（吉田） 職場合意を守る立場から、入学式での日の丸掲揚を断念してもらいたい。

私 何を言っているのか。昨年四月からの議論を踏まえて「混乱を避ける」観点から私が譲歩して、国歌斉唱はしないことになったが、国旗掲揚を三脚で式場壇上に掲揚することは了解事項ではないか。

分会長 私や坂田さんは納得したとは言っていない。

私　そんな言い草は通らない。三月八日の職員集会で私の「最終判断」を説明し、了解をお願いしたし、さらにその翌日の職員朝礼で「最終判断の修正」を行い、理解をお願いしたではないか。私が譲歩した心情を理解しようとせず、このような形で「断念せよ」などということが許されるのであれば、こちらも「やはり国歌斉唱も実施する」と翻すこともできる。

分会長　断念しないのであれば、式後に抗議に来る。

私　抗議など受ける筋合いはない。十分な話し合いの結果を踏まえて、私は約束を守っているのだ。抗議文など持ってきても受け取る気持ちはない。

分会長　今までの校長はそんなことを言ったことはない。抗議を拒否したと「分会ニュース」に書くぞ。

私　書きたければ書けばいい。こちらとしてもきっちりと対応する。

私は、腹を決めました。この人たちとは議論しても何の進展もない。気持ちの通い合いも生じない。こちらはこちらの方針を貫くだけだ。そう思いました。

入学式は、国旗は式場壇上に掲揚できたものの、国歌斉唱はできませんでした。ひとえに校長である私の責任です。やると決めたことでもなかなかできないのに、はじめから腰が引けていたのではできるはずがありません。教職員に語りかけ、国旗掲揚、国歌斉唱の教育的意義の理解を深めて実施しようとした私の思惑は、見事に外れました。

教職員を信じ、話せばわかると思い続けたことの結果がこれでした。教職員との和と相互理解を図る気持ちが先に立って、はじめから妥協姿勢であったことが、失態の原因でした。

国旗・国歌の問題は、どのように取り組むにせよ、校長の生命を縮める問題だとつくづく思います。私も体調を崩し、激しい胃痛に悩まされ続けていました。後でわかったことですが、私はそのときすでに心臓と肺、目なども患っていました。自国の国旗・国歌を巡って、学校でこのような状態が繰り返されている日本の現状は、まさに異常と言う他ありません。本当の悲劇は、この状態が再生産されながら何十年も続いていることにこそあると言わなければなりません。

私は前年度の国旗・国歌に関する取組の総括文を完成させ、四月十五日、全職員に配布しました。A四判六枚を超える総括文の一部を抜粋して紹介します。（一部の内容を変えない範囲で修正しています）。文書の日付は三月三十一日です。

入学式及び卒業式における国旗・国歌の取組を振り返って

①　私の基本姿勢

入学式や卒業式等において、国旗「日の丸」を掲揚し国歌「君が代」を斉唱するよう指導することは、学習指導要領で各学校に義務づけられていることである。だが、本校ではこれまで、

「日の丸」は式当日に三脚で玄関に掲げられていたものの、「君が代」については全く実施されていなかった。学習指導要領では、音楽の時間に「君が代」を教えることが定められているが、これも行われてこなかった。

国際化がますます進展することが予測される二十一世紀を展望するとき、国際性豊かな主体性ある、信頼される日本人を育成することは、重要な教育課題である。我が国の文化や伝統を尊重するだけでなく他の国の文化や伝統も大切にする気持ちを育てること、そしてその一環に位置づけて、自国の国旗・国歌を大切にする気持ちを育て、他の国の国旗・国歌も大切にする気持ちを育てる取組を進めることが求められている。学習指導要領に国旗・国歌の指導が盛り込まれたのもそのためである。

私は、このことを説明し、日常の教育活動のなかで国旗「日の丸」や国歌「君が代」のことを子どもたちに教えてほしい、と皆さんに要請した。そして、平成十年度の卒業式から、学習指導要領に則って式場に国旗を掲揚し、国歌を斉唱（演奏）するよう指導する取り組みを進める意向を明らかにし、協力をお願いした。併せて十分な議論をお願いし、校長として、必要であれば部会や学年会にも出席して疑問等に答える用意があることや、話し合いの要請があれば事情が許す限りいつでも応じることなどを約束した。そして、その約束どおり、話し合いにはことごとく応じ、誠心誠意対応してきた。

また、必要な資料を準備して配布するとともに、出された疑問や意見に対しては、口頭だけでなく活字にもして、論拠を明示しながら回答し、私の見解を明確にした。徹底した議論をお願いし、提起された疑問や意見に対して誠意と情熱をもって対応したのは、本校教職員の民主主義者としての素養と良識を信じ、「話せばわかる」と確信していたからである。

② 職員の反応と私の願い

私の見解や説明に「なるほど、そういうものか」と納得をした人は多かったであろうと思う。それを裏付けるように、道理を尽くした私の説明に対して、それを覆すような論理立った反論はほとんどなされなかった。私がこれまで語りかけてきたことはごく当たり前のことであり、素直な気持ちで普通に聞いたり読んだりすれば、理解してもらえるはずのことばかりである。表面上、賛同する声はほとんど聞こえてこなかったが、私の見解を支持する声無き声は確かにあったと実感している。

これまで「日の丸」・「君が代」に反対することが正義であると信じて疑わなかった人の中にも、「待てよ！」と立ち止まって考え始めた人がいることは事実なのである。

一方、私の見解に反対する動きが目立ったことも確かである。一部を除いてそのほとんどが、初めから終わりまで、「反論はしない（できない）が、反対はする」姿勢に映ったのは残念なことであった。「初めに反対ありき」で、どのような論理で説明されても「反対だから反対なのだ」という姿勢が、一部の人たちの根底にあったのではないかとさえ思われて仕方がない。

法令等に基づいて職員会議の性格を明らかにし、「職員会議は尊重されるべきものではあっても、その結果は校長を拘束するものではない」とか、「学校運営の最終的な責任者は校長であり、職員は校長の指示・指導・命令等の監督には服さなければならない」など、学校運営の基本的な在り方について客観的な資料をもとに繰り返し説明しても、論理的な反論をしないまま、自分たちが決めたことを「職場の合意」だとして、それを守るのが職場の民主主義だと私に迫ったことや、議会制民主主義を基調とする法治国家・日本の公教育としての学校教育は、憲法や教育基本法を初めとする法令等に基づいて行われるものであり、学習指導要領もその一環に位置づくものであることを法令や各種判例等を引いて何度説明しても、受け入れようとしなかったこと等を冷静に振り返ってもらいたい。

私の指摘があながち外れていないことに気づいてもらえるはずである。卒業式委員会が出した「要望書」を私の反論に答えないまま採決したことや、議長団が校長批判の「アピール」を「問答無用」ともとれるやり方で出したことも、「これが本当に民主主義者のすることか？」と疑わせるに十分なものであった。道理ある反論もしないで、話し合いの道筋も踏まないで、数を頼んで押しまくるようなやり方は、民主主義の自殺行為であると私は思う。世の中にはものの見方や考え方が多様にある。民主主義は、その多様性を認めることを前提にして成り立つものである。異なった価値観からの発言にも柔軟な心で素直に耳を傾け、道理を尽くして議論を行うことが大切ではないだろうか。

「日の丸」・「君が代」について教えないことが民主教育として正しいことなのか、教えないだけで本当によいのか、私の言う「民主教育の一環として国旗・国歌のことを教える」ということはいったいどういうことなのか、などについて、今一度冷静に考えてみてもらいたいものである。「日の丸」・「君が代」について様々な考え方がある中で、それを民主教育の一環として体系的に教えることができるのは私たち学校の教員なのだという自覚に立って冷静に考えれば、私が言っていることは当たり前のことばかりであることを再確認してもらえるはずである。

③ 分会への苦言

「分会ニュース」等の分会文書が組合員以外の人にも配布されていることや、この度の国旗・国歌の取組に分会が大きく関わってきたこと等に鑑み、この場にこのようなことを載せることをお許しいただきたい。これはあくまでも分会との関係改善を願っての苦言であり、分会や分会役員を批判することが目的ではないことをご理解願いたい。

分会とは、これまでも様々な問題について胸襟を開いて話し合ってきた。あらゆる問題を真摯に受け止め、物事の核心を曖昧にせず、事柄の是非を明確にして、本音で話をするように心がけてきた。このたびの国旗・国歌の問題も同様である。分会の主張を一つとしていい加減には扱わなかった。話し合いの要求にはことごとく応じ、提起された疑問や意見に対しては可能な範囲において誠意をもって答えてきたつもりである。だが、分会の対応には、不可解な部分が目立った。ウソの多い分会ニュース、不誠実で民主主義に反する言動など大いに反省してもらいたい。

④　教訓

この度の国旗・国歌の取り組みを通して、本校の多くの教員の中に、「校長がなんと言おうと、法令等がどうであろうと、教育のことは自分たち教員が話し合って決めるのだ」という考えがあることが鮮明になった。法治国家・日本における公立学校教員の在りようとして、これは明白な誤りである。

私たち教育公務員は、身分上及び職務上の制約のもとに置かれているのであって無制限の自由や自主が与えられている訳ではない。入学式や卒業式等において国旗を掲揚し国歌を斉唱するよう指導することは学習指導要領に定められていることであり、私たちは当然そのことを実行しなければならない立場にある。教育公務員の基本に立ち返ってもらいたいと切に願うものである。

学校という或る種の閉鎖社会に身を置いていると、自分たちの価値観やものの見方考え方が社会通念上のそれと乖離していても気が付かないことが多い。このことを自覚し、私たちは、いつも謙虚にそして柔軟に、心の窓を開いていたいものである。

「日の丸が目障りだった」

総括文を読んで、教職員が少しは姿勢を改めてくれるのではないかと、私は一縷の望みを抱いていました。しかし、それは私の儚い夢でした。

四月十九日（月）の運営委員会で、平成十年度の卒業式委員会から「申し送り事項」が提案されましたが、その中に、相変わらず「国歌斉唱と国旗掲揚をしない」と書かれていたのです。彼らの議論無視や校長の言に耳を貸さない態度にはいまさら驚きませんが、それにしても、この傲岸不遜とも言える態度はどこからくるのでしょうか。

校長の中には、「どんなに言ってもわからんヤツにはわからん」と達観して、教職員に言うべきことを言わない人もけっこういます。しかし、私にはそれはできませんでした。言うべきことを言わなければ、校長としての職務を果たしたことにならないという思いが強かったからです。

教員が何と言おうと無視をして、校長は「我が道を行く」で国旗掲揚、国歌斉唱を強行しようと思えばできないこともありません。しかし、そんなことをしても、教員の意識を変えることはできませんし、国旗・国歌の指導を義務づけている学習指導要領の趣旨を実現したことにもなりません。なぜなら、入学式や卒業式などに至るまでに行う必要のある国旗・国歌の指導が抜け落ちているからです。指導するのは教員の仕事です。教員がその気になって指導しなければ何にもなりません。そんな思いから、私はこの日の運営委員会でも国旗掲揚と国歌斉唱を正しく行うよう求めましたが、彼らは、やはり頑として受け付けなかったのです。

四月三十日（金）は職員会議でした。卒業式委員会から出された案件「申し送り事項」の中の「国歌斉唱と国旗掲揚をしない」について、私は次のように述べました。

たとえこの職員会議で、この申し送り事項が採択されたとしても、私は認めない。平成十年度の卒業式及び本年度の入学式においては、「混乱を避ける」一点で譲歩せざるを得なかったが、本年度の卒業式からはきっちりと実施したいので、協力をお願いしたい。日常の教育活動でも国旗・国歌の指導をしてもらいたい。

教職員からは、まったく反応がありませんでした。卒業式はまだ先のことであり関心がないのかと思いましたが、そうではありませんでした。小・中・高等部の部会や職員室などでは国旗・国歌を如何にして阻止するか、思案を巡らせていたのでした。

六月二十八日（月）の運営委員会でそのことが明らかになりました。彼らは入学式の「反省と総括（案）」を全教職員のアンケートをもとにまとめて提示しましたが、その中の「各部・各学年からの反省」の部分に「『日の丸』が視野に入って、目障りだった」との表現があったのです。

自国の国旗を目障りと思うこと自体がそもそも問題ですが、百歩譲って思うこと自体は心の中のことであり責められないとしても、それを職員会議の公の文書に書いて恥じない、そのメンタリティをどう理解したらよいか、私は、「呆れ」を通り越して怒りがこみ上げてきました。私は、次のように発言しました。

物事について個人がどのように感じ、何を思うかはその人の自由に属することであり、心の中の問題である。したがって、「日の丸」を「目障り」だと感じること自体をとやかく言うつもりはないが、校務分掌の一つである「入学式委員会」が公務として行う「反省と総括」の文書の中にそのようなことを表現することは正しくない。職員会議という公の正式な会議に諮る文書の表現として相応しくないので是正してもらいたい。

提案者は聞き入れず、「これはアンケートの回答なので、変えることはできない」と主張して譲らず、是正しないまま職員会議に諮るとの態度を変えませんでした。

そして迎えた六月三十日（水）の職員会議で、入学式委員会は運営委員会で提示した文書を是正しないまま提出しました。

私は、運営委員会で是正を求めた経過を説明した上で、「目障り」の部分を削除するよう求めましたが、教職員は、やはり私の説明を全く受け付けず、入学式委員会提案の通りに採択してしまいました。彼らは「校長は表現の自由を奪うのか」「意見があったという事実を隠蔽するのか」などと、非難囂々《ごうごう》の声を上げていました。

国旗・国歌法を説明

国会で審議されていた国旗・国歌法が、八月十三日（金）に制定され同日から施行されました。これを受けて、私は、八月三十一日（火）、分会長と書記長を招き、「国旗・国歌法」が成立してすでに実施されていることを説明するとともに、このような情勢やこれまでの議論経過を踏まえ、卒業式や入学式において国旗掲揚、国歌斉唱を正しく実施する方針であることを、改めて説明しました。二人は何も言いませんでした。議論を避けている様子でした。

九月一日（水）は学期はじめであり、職員集会を招集して運営方針などを述べましたが、その中で、国旗・国歌法が制定施行されたことを紹介するとともに、卒業式・入学式において国旗掲揚、国歌斉唱を正しく実施する方針であることを改めて説明しました。しかしこのときも教職員からは何の反応もありませんでした。それが何を意味しているのか、そのときの私にはよく理解できませんでした。法が施行されたことでもあり、いよいよ私が説明してきたことが浸透したのかとも思いましたが、なんだか不気味な静けさでした。

九月二十一日（火）、私は、教頭を卒業式委員会に出席させました。実施計画案に国旗掲揚と国歌斉唱を入れるためです。昨年度、委員会が出した「案」の問題点を指摘したとき、教員から「そんなことを言うのなら、案ができるまでに委員会に出席して言えば良かったのだ」という意見が出たこともあり、そうしたのです。ところが、委員会は昨年のやり取りなど念頭になく、教頭がなぜ委員会に出席しているのかと反発し、教頭の指示を受け付けませんでした。

九月二十三日（木）、私は、国旗・国歌法に関する記事を掲載した文部広報を増し刷りし、職員会議で全職員に配布するとともに、慣習法として定着していた国旗・国歌が、成文法の成立・施行によってより明確になったことや、これまで通り学習指導要領の規定に基づいて入学式や卒業式などに国旗を掲揚し国歌を斉唱するよう指導することに変わりがないことを説明しました。

これに対して、分会長を務める吉田教諭が、「本校ではこれまで国歌斉唱は行われてこなかった。これまで通りということだから、これからも行わないということだ」と発言しました。彼一流の曲論です。私が言ったことを故意にねじ曲げて自分の都合の良いように言っているのです。この辺りから、なりを潜めていた彼らがまた動き始めました。

私は、即座に次のように述べました。

「『これまで通り』ということは『B校のこれまで通り』という意味ではない。『これまで通り学習指導要領に基づいて行う』という意味だ。入学式や卒業式の式次第に国歌斉唱を入れてもらいたい」

この私の説明に彼は何も言いませんでしたが、納得したのではありません。私の発言を無視したのです。私はあとでそのことを思い知らされることになりますが、そのときは、納得したものだと思っていました。

十月二十五日（月）、分会役員が「交渉」を求めて校長室へやって来ました。十一月十二日に天皇皇后両陛下御在位十年の記念式典が挙行されることが九月二十八日に閣議決定されたことに伴い、十月十八日（月）に臨時校長会が招集されました。その場で、記念式典当日に祝意を表すため国旗を掲揚するよう、教育長名で「通知文」が発せられましたが、それに抗議するため「校長交渉」と称して押しかけてきたのです。

もちろん、これは分会独自の判断からだけではありません。私の組合活動の経験から言えば、組合本部がそのような行動をとるように指示しているからです。その組合本部の背後には左翼政党がいます。

分会長（吉田） 十八日に臨時校長会が招集されたということだが、どういう内容か。

私 （通知文を示しながら）十一月十二日に天皇皇后両陛下御在位十年の記念式典が行われることが閣議決定され、祝意を表すため、当日学校においても国旗を掲揚することについて話があった。これは学校の管理運営事項であり、分会が関与することではない。分会の校長交渉の対象にはならないので、この場は「話し合い」ということで対応させてもらう。

分会長 天皇在位十年の式典を行うことや祝意を表すため国民に国旗を掲揚することを押しつけるのを校長はどう思うか。

私 政府が職務権限に基づいて決めたことについて、校長としてその是非をコメントする立場にはない。「押しつけ」というが、政府が国民に祝意を表すことを要望しているのであって、「押しつけ」には当たらない。

分会長 教育長名で通知文が出たとのことだが、校長はどう対処するつもりか。

私 記念式典が挙行される十一月十二日に、通知文の趣旨に従って国旗を掲揚す

分会長　る。

私　どこへどの時間に掲揚するのか。

分会長　管理棟屋上の掲揚台に、午前八時三十分から午後五時十五分まで掲揚する。

私　通知文には、掲揚場所や掲揚時間については書いてない。揚げたければ校長室に揚げたらよいではないか。

分会長　掲揚台は国旗等を掲揚するための設備だ。そこに掲揚するのは当然だ。

私　政府が閣議決定してそれを通知文という形で現場に強制することを、校長はおかしいと思わないのか。「通知」に対して異議を申し出ないのか。保護者や職員に諮り、合意を求めて行うかどうかを判断すべきではないか。

書記長（木村）　「通知」や「通達」は、行政上の上部機関から下部機関に対して職務上の指示や命令を行うためのものであり、教育長名で出された校長宛の「通知」に対して校長が異議を申し立てることなどできることではない。また、「通知」によって求められたことは忠実に実行すべきものであって、保護者や職員の意思に依るべきものではない。

私　校長は誰に付託され、誰に責任を負っているのか。何故「通知」に異議を申し立てられないのか。保護者や職員の意思をアンケートしてそれに基づいて判断すべきではないか。

私　校長に限らず、全て公務員は国民に奉仕する職責を負っている。府の職員である我々は、府民から付託を受けて仕事をしている。そのことは、行政事項を行う場合、いつでも直接府民の意向を伺わなければならないということを意味しない。公務員は、法令等を単に遵守するだけでなくそれを運用執行することを職務としている。法令等に基づいて政府が閣議決定をし、それに基づいて行政の上部機関が下部機関に発した「通知」を下部機関が正しく受け止め執行することは、国民や府民の付託に応える行為そのものである。

副分会長（原田）　上から言われたまま動くというのは、戦前と同じではないか。

私　戦前と戦後とは、国の在り方が全く異なっており、「戦前と同様」という批判は当たらない。戦前の一時期は自由にものが言える時代ではなかったが、戦後は国民主権が憲法に明記され、民主主義の体制にある。自由にものが言える時代だ。法治国家として国が動いている以上、法令等に基づいて行動するのは、校長として当然のことだ。

副分会長　「国旗に反対する者は非国民だ」などといった論調が見られる現実を見てもらいたい。今の状況が続けば、やがてまた、自由にものが言えない時代が来るように思えてならない。様々な考えがある問題については、皆の意見を聞いて、それに基づいて進めるべきではないか。校長は祝意を表すために日の丸を屋上に掲げると言うが、その旗の下の建物の中にはそれに反対する人もいるのだ。その人たちの思想・信条の自由はどうなるのか。

私 国民の意思に反する国の在り方は、国民の手によって是正される。それが民主主義というものであり、歴史の教訓だ。天皇皇后両陛下御在位十年を祝うために通知に基づいて国旗を掲揚することが、「自由にものが言えない時代が来る」ことにつながるとはとても思えない。国旗を掲揚したからといって、それに反対する人たちの思想・良心の自由を侵すことになるとも思えない。もしそのようなことが正当な主張であれば、何事も全員が賛成しなければできないことになり、社会そのものが成り立たない。

分会長 職員会議の席で意見を言わせてもらう。

私 意見を言うのは自由である。だが、職員が反対したからといって、国旗掲揚を取りやめることはしない。

VS分会ニュース

彼らはこんな議論で収まる人たちではありません。これは、しつこい波状攻撃を私に仕掛けてくる前ぶれに過ぎませんでした。翌日から十一月十二日の国旗掲揚に反対するキャンペーンを張り、「分会ニュース」で私を激しく攻撃し始めました。

このような情勢を受けて、十月二十六日（火）、私は教頭と事務長を交えて打ち合わせを行い、十一月十二日の国旗掲揚について次のことを指示しました。

① 国旗掲揚台が設置してある屋上へ通じる通路のドアキーの予備を作ること
② 万一のことを考え、掲揚台に掲揚する日章旗と三脚で揚げる日章旗を準備すること
③ 前日に泊まり込むことも含めて、対策を検討すること

十月二十七日（水）の職員会議で、私は、教育長通知文を示しながら説明しました。その中で、「学校施設の管理責任者として、教育長通知の趣旨を踏まえ、管理棟屋上の掲揚台に午前八時三十分から午後五時十五分まで国旗を掲揚する」ことを明らかにしました。これに対して、職員からいくつかの質問や意見がありました。そのときの様子は次のようなものでした。

教職員　黄門様の印籠のようにこれ（教育長通知文）が目に入らぬかと言われても、命令で動くわけにはいかない。学校で国旗を揚げることには納得できない。個人の自由ではないか。

私　通知文は、資料として示したに過ぎない。権威を笠に着ているわけではない。個人が何を感じどう思うかは全く自由であるが、そのことと学校という施設の責任者が「通知」

の趣旨を踏まえて国旗を掲揚することとは別の問題だ。

教職員 式典当日は学校は半日休業になるのか。

私 半日休業にはならない。

教職員 閣議決定が「通知」や指導の形で現場に押しつけられている。「通知」は強制力があるのか。校長は「イヤ」と言えないのか。

私 行政機構の上部機関が下部機関に対して発する「通知」や「通達」は、指示命令の性格を有しており、下部機関はそれに従うことが義務づけられている。もし下部機関がそれに従わないような事態になれば、行政は機能しない恐れが生じる。校長は教育長の「通知」に対して「イヤ」と言える立場にはない。

教職員 強制力で人間の内心の自由を侵してもよいのか。教育上問題ではないか。

私 このたびの国旗掲揚は、学校という施設の責任者である校長が教育長通知の趣旨を踏まえて国旗を掲揚するものであり、個人の内心の自由を侵すことにはならない。教育上何らの問題も生じない。

教職員 教育への不当介入ではないか。戦前の反省に立って教育基本法は教育への不当介入を禁じている。日の丸に対しては賛成の人も反対の人もいるではないか。

私 祝意を表すために国旗を掲揚することがどうして教育への不当介入になるのか。先日の分会との話し合いでも説明したが、「反対の人がいるから掲揚するな」などと言うことが正当な主張であれば、このことに限らず、何事も皆が賛成しなければできないことになる。それでは社会は成り立たない。外国にある日本の大使館などには日常的に日本の国旗が掲揚されている。これも「国旗に反対する人がいるからやめろ」と言うのか。大使館に日の丸を揚げるのは目印のためだ。今回の場合は祝意を表すために揚げる。意味が違う。子どもの目に映り、「なぜ揚がっているのか」と子どもに聞かれれば教えなければならない。教育への不当な介入ではないか。校長の説明はまやかしだ。

教職員

法治国家である日本の政府が、与えられた当然の職務権限に基づいて閣議決定をし、天皇皇后両陛下御在位十年の記念式典を行う。教育長の「通知」に基づいて校長が祝意を表すために学校の掲揚台に国旗を掲揚する、このことがどうして教育への不当介入になるのか。子どもたちが揚げられた国旗を見て「どうして揚がっているのか」と尋ねたら、その理由をそのまま説明すればいい。国旗のことを子どもたちに教える良い機会だ。本当に教育への不当介入だと思うのであれば、然るべき手続きを経て然るべき所へ申し出てもらいたい。校長に言うべきことではない。

私

この短いやり取りからも、彼らの国旗に対するヒステリックなまでの反発、政府や上部機関への反発、公務員でありながら行政機構についての無知、「自由」についての間違った認識、などが垣間見えるではありませんか。

職員会議終了直後に、分会書記長の木村教諭が、「職員会議で個人攻撃をするな。何故分会との話のことを職員会議で言うのか」と私に激しく詰め寄ってきました。喧嘩腰でした。吉田分会長らも駆け寄ってきましたが、私は、「管理運営事項は分会の交渉事項ではないことを確認した上で話し合いをしたのに、分会は、話し合いの内容を『校長交渉の結果』だとして一方的な言辞を弄して分会ニュースに載せ、全員に配布したではないか。私が全体に必要な説明をするのは当然のことだ。個人攻撃などしていない」と突っぱねました。

十月二十九日(金)、私は、分会役員を招き、二十七日の職員会議直後の分会書記長の抗議に関して、「職員団体」や「適法な交渉」などについて改めて説明しました。これは、これまでも折に触れて言ってきたことですが、一向に改善されないので、このときは資料も提示しました。それでも無駄でした。分会は「交渉」事項でないことを「交渉」だと言い張り、その後も「分会ニュース」で執拗に私を批判していました。

十一月八日(月)、PTA役員会・実行委員会で十二日の天皇皇后両陛下御在位十年記念式典と国旗掲揚について説明し、了解を得ました。

その二日後、組合役員たち(吉田、原田、木村、沢野、川村の各教諭)が、「十二日の国旗掲揚を断念せよ」と申し入れに来ました。私は、「断念しない」と回答し、議論となりました。十月二十五日の議論とほとんど同じで新味はありませんでしたが、正攻法で攻められないとわかると、彼らはまた次のように搦め手から攻めてきました。

分会長（吉田） 当日、屋上の掲揚台のところに我々も行ってよいか。

私 掲揚に反対しているあなた方が行く理由はない。行かないでもらいたい。

分会長 「行くな」ということか。

私 そのようにお願いしたい。

分会長 「お願い」ということだが、聞かなかったらどうなるか。

私 聞いてもらいたい。

分会長 何故行ってはいけないのか。

私 混乱なく、粛々と揚げ、粛々と降ろしたい。掲揚に反対するあなた方が周りにいたら、掲揚できないことも生じうる。混乱が起こることも予測できる。お祝いの日に混乱は避けたい。万が一にも妨害などはしないでもらいたい。

分会長 昨年から校長とはいろいろと話し合いをしてきた。お互いの信頼関係はできていると思っている。妨害などはしない。

私 そのようにお願いしたい。

分会長 校長が日の丸を揚げるところを写真に撮って、「分会ニュース」に載せたい。写真を撮っても「肖像権の侵害だ」と言わないか。

私 写真など撮らないでもらいたい。

分会長 当日の朝も話し合いをしたい。

私　これまで十分に話し合った。自分たちの主張だけを一方的に押しつけるような話し合いには応じたくない。当日はお祝いの日なので、粛々と対応したい。
分会長　拒否するのか。当日の朝、抗議文を持ってくる。
私　抗議を受けねばならないような悪いことはしていない。抗議文など受け取らない。

分会は、このように国旗掲揚に反対するための行動を繰り返す傍ら、また「要望書」を私のところへ持ってきました。昨年あれほど丁寧に全ての要望に回答したにもかかわらず、それを全く踏まえず、「校長は日の丸・君が代の押しつけをやめてほしい」「日の丸・君が代の押しつけに反対」「卒業式、入学式での君が代強制反対、日の丸押しつけ反対」などと好き放題を書いていました。

天皇皇后両陛下御在位十年祝賀の日の喧騒

天皇皇后両陛下御在位十年祝賀の日である十一月十二日（金）、私は国旗を粛々と揚げるために午前五時に出勤しました。教頭は午前六時、事務長は午前七時三十分にそれぞれ出勤しました。午前六時三十分、誰も出勤してこない時刻に私と教頭は国旗を持って屋上へ上がり、掲揚台にいつでも揚げられるように国旗を取り付け、教頭をその場に残して私は校長室に戻りました。

午前八時二十三分、分会長の吉田教諭、書記長の木村教諭、本部執行委員の沢野教諭などの組合役員が国旗掲揚を阻止するために校長室へやって来ました。私は、先日明言した通り、「会いたくありません。話し合う必要はありません」と断り、校長室のドアを閉めて中から施錠しました。ドアの外で、「他の学校は揚げないところもあるし、子どもたちに見えない所に揚げる学校もあります。情報を持ってきたのに会わないのですか」などと分会長が大声で叫んでいました。私は応えず、携帯電話で屋上の教頭に国旗掲揚を指示しました。

八時四十五分、屋上に通じる階段登り口付近に数名の組合分会員が座り込んでいるとの報告が事務長から入りました。私は、教頭に九時過ぎまで屋上で待機するよう指示しました。教頭は、分会員の座り込みが解けた九時十五分頃に下りてきました。

午後二時頃、分会長が「抗議声明」を持ってきましたが、私が校長室から出ないので教頭に手交し、「日の丸は誰が揚げたのか」と抗議しました。

午後五時十五分、屋上に通じる階段登り口付近に分会員が座り込んでいるとの情報が事務長からもたらされました。国旗降納ができない状況でした。

午後五時三十四分、分会長、副分会長、書記次長の三名がやってきて、ドアの外から、「五時十五分を過ぎている。日の丸を降ろさないのか」などと叫んでいました。

午後五時四十三分、私は国旗を降納するよう教頭に指示しました。

午後六時十五分頃、教育委員会に電話で事実経過を報告して、この日の騒ぎは終了しました。

祝賀の日に国旗を掲揚するというごく普通のことをするのに、これほどの大騒ぎをしなければならない学校の現実を、世間の人たちはどう思われるでしょうか。実に嘆かわしいことですが、これが公立学校の実際の姿なのです。

騒ぎはこの一日では終わりませんでした。私が校長室に鍵をかけて分会役員に会わなかったことを取り上げ、分会はその後執拗に私を非難しました。「分会ニュース」を洪水のように流して、悪罵の限りを投げつけました。

十一月十五日（月）、私への批判文を「分会ニュース」に載せた花田教諭に反論文を渡し、全教職員にも配布しました。教職員の中には、私がそのような形で反論したこと自体を非難する者もいました。花田教諭は、私の反論に対して、再びそれへの「反論」を「分会ニュース」紙上で展開しましたが、その内容があまりにもお粗末であったため、教頭、事務長と相談の上、これについては反論しないことにしました。

十一月十六日（火）午後五時十五分頃、分会長が抗議にやって来ました。

分会長（吉田） 十二日に校長室に鍵をかけたのは何故か。
私 そのことは、分会に答えるべきことではない。今度の職員会議で説明する。
分会長 当日は校長室に入れなかったので、校長室の中の金庫に入れてある学級費の出し入れができなかった。支障が生じたことを校長はどう思うか。

私　教頭に適切に対応させており、支障は生じていない。

分会長　校長は、どうして我々との話し合いを拒否したのか。

私　十一月十日に「十二日はお祝いの日なので混乱なく粛々と国旗を掲揚したい。話し合いはこれまで十分に行っており、当日に話し合いをしなければならない理由はない」とはっきりと言ったではないか。それに、あなた方のは「話し合い」ではなく、自分たちの主張を力尽くで一方的に押しつけようとするものだ。

分会長　校長は、自分が一度言えばそれで通ると思っているようだが、そうはいかない。

私　それがそもそも間違いだ。管理運営事項については、職員は校長の指示には当然従わなければならない。このたびの国旗掲揚は、組合と当局との交渉事項ではなく、管理運営事項なのだ。こちらの指示には従ってもらわなければいけない。管理運営事項について、分会の機関紙であれこれ校長への反感を煽るようなことを書くことも適正ではない。

こんな話し合いで納得するような彼らではありません。分会は、繰り返し私を批判する「分会ニュース」を発行し続けたのでした。

十一月二十四日（水）は職員会議でした。卒業式委員会が卒業式の実施案を提案しましたが、式次第の中に「国歌斉唱」がなく、国旗については「掲揚しない」の文言がありました。例によって、また同じことの繰り返しです。いくら言っても全く改まりません。

私は、国旗掲揚、国歌斉唱が「案」に入っていないのは何故かを質しました。卒業式委員会代表の島田教諭は、「各部で検討した結果、子どもたちを主人公にした卒業式にするためにこのような案になった」と答え、次のようなやり取りになりました。

私　子どもの育成に必要であるから、学習指導要領で指導することが定められているのだ。昨年度の議論を踏まえ、四月には昨年度の取組を総括して校長としての考えを明確にし、本年度からは国歌斉唱、国旗掲揚を正しく行ってほしいと要請した。昨年度からの議論の中で、出された疑問や質問には校長として答えられることは全て答えてきた。文書もずいぶん配布してきた。これまで配布してきた文書を全て読み返してみたが、本当に疑問や質問にはことごとく答えている。そのことを踏まえて要請しているのに、実施案に国旗掲揚と国歌斉唱を入れないのはどうしたことか。式次第の「はじめの言葉」の次に国歌斉唱を入れてもらいたい。国旗は三脚で式場の壇上に掲揚することを明記してもらいたい。

議長　それは、卒業式委員会の案に対する校長の修正案（意見）であるとして処理したい。先日の運営委員会でもそのように取り扱うことを確認している。

教頭　そんな確認はしていない。校長からの指示についてきっちりと伝えたはずだ（私はその日出張していて、運営委員会に出席できず、教頭に対応を指示していた）。

私　学校運営の最高責任者である校長が、学校運営の必要に基づいて職員に対して行う「お願い」は、単なる「意見」ではない。このことはこれまで何度も説明してきた。さらに九月の卒業式委員会に教頭を出席させ、校長としての方針を明確に伝え、国旗掲揚と国歌斉唱を実施案に入れて提案するようお願いしているのに入れないのは正しくない。

黒木　教頭が卒業式委員会に出席したとは、どういうことか。

私　昨年、実施案に入れるように前もってお願いしたのに、提案された案には入っていなかった。「何故入れないのか」と言ったところ、「そんなことを言うのなら、卒業式委員会に管理職が出席して言えば良かったのだ」との返事があったので、今年は、こちらから卒業式委員会に出席したのだ。

沢野　卒業式というのは、特別活動として行うものであり、教育内容に関わることである。十二日は、「管理運営事項であり教育に関わらないことだ」と言って日の丸を掲揚し、今度は教育内容に関わることであるのに管理運営事項だと校長は言う。矛盾している。教育内容に関わることは管理運営事項ではないのではないか。

私　学校で行う教育活動は大きく分けて二つある。一つは学習指導要領に基づく教育課程に位置づけられた教育活動であり、もう一つは、教育課程に位置づかない教育活動である。十二日の国旗掲揚は、学校の管理責任者（施設の長）として行ったものであり、「児童生徒が揚がっている国旗を見て質問したら、天皇皇后両陛下御在位十年をお祝いして揚げていると説明してほしい」と私は言ったが、この場合の指導（教育）は、教育課程に基づかない教育活動に相当する。特別活動として行う教育活動は言うまでもなく教育課程に位置づく教育活動であり、学習指導要領に従って行われるものだ。

原田　校長の「お願い」には、教育的な観点が欠けている。昨年の議論の中で、我々は、「校長は本校の卒業式がどのようなものであるか一度も見たことがない。見た上で、何故国旗・国歌の指導が必要なのか教育論議をすべきだ」と言ったが、実際、一つのこと（国旗掲揚）を除いて、すばらしい感動的な卒業式だった。校長はあれを見てどう思ったのか。何が欠けていると言うのか。何故国旗・国歌なのか。

私　原田さんが言う範囲の意味において、私も感動的な良い卒業式であったと思う。だが、学習指導要領で定める内容を実施していないという点において不十分であったとも思う。国旗・国歌の指導は重要な教育課題であり、それだからこそ学習指導要領に定められているのだ。本年度の卒業式から、国旗掲揚・国歌斉唱を正しく行ってほしい。逆に質問したい。校長が根拠を示して疑問や質問に全部答えた上で、国旗・国歌の指導をお願いしているのに、教員がそれを拒む法的な根拠があるのか。あれば、それを明示してもらいたい。

沢野　学習指導要領の法的拘束力についても、いろいろな説があるし、教育課程の編成権は学校にあることがはっきりしている。校長が上意下達的にお願いすることではない。戦前のやり方と同じではないか。

私　学習指導要領が法的拘束力を有していることは、最高裁判所の判例で確定していることである。確定した判決は、法律と同等の規範性があり、我々は当然守らなければならない。教育課程の編成権は各学校にあるが、教員が相談して自由に編成して良いというものではない。国の基準である学習指導要領や都道府県の基準である教育課程基準を踏まえ、各学校の子どもたちの実態に即して編成しなければならない。校長が学習指導要領に基づいて国旗・国歌の指導を教員に要請することがどうして上意下達なのか。

議長　日の丸・君が代に関する部分は議論を続けていくことにして、その他の部分は卒業式委員会の案通りでいくということでどうか。

白井　卒業式の「しおり」の係をしている。今年のうちに内容を決めて、年明けには業者に発注しなければならない。国歌斉唱をどうするかを今年のうちに決めてもらいたい。

湧井　進行表に時程を入れて作らなければならない。早く決めてほしい。

島田　それは卒業式委員会内部で必要なものだから、急がなくても良いのではないか。

私　白井さんの心配はよくわかる。発注する立場としては不安であろうと思う。外注する「しおり」には式次第の「はじめの言葉」の次に「国歌斉唱」を入れてもらいたい。

黒木　それは恫喝ではないか。校長の横暴だ。

私　恫喝？　何が恫喝か。

黒木　白井さんに対する恫喝だ。

私　これは職務の話だ。白井先生個人をどうこう言っているのではない。何の議論もせずにいきなり「こうしなさい」みたいなことを言うのはどうかと思うが、昨年から十分に話し合いを重ねた上で言っている。出された疑問や質問には誠意をもって全て答えてきた。「しおり」に国歌斉唱を明記するように指示することが、どうして横暴と批判されなければならないのか。

黒木　昨年度、卒業式委員会から職員会議に「要望」が出されて採決したときの状況はどうであったか、議長、明らかにしてもらいたい。

議長　要望は、賛成八十七、白票十一、反対二、保留三（校長、教頭、事務長は採決に参加していないため、議長が保留扱いにした）で、「要望」は採択されている。

私　皆さんは「職場合意を守れ」と言うが、その合意の中に校長は含まれていない。皆さんだけの合意だ。校長と職員の意見が一致している事柄であればさしたる問題は生じないが、考えが異なるときは、校長は一人で絶対的な少数であり、いつでも多数である職員の意向に従わなければならないことになる。学校運営の最高責任者である校長が、いつでも職員の意見に従わなければならないなどということを変だと思わないのか。皆さんに配布した「国旗・国歌Q＆AⅡ」に詳しく書いてあるので、よく読んでもらいたい。

後藤　教育基本法にあるように、教育には「真理」が大切だ。日の丸や君が代というような意見が異なる問題については、国民の多数が「そうだ」と思う内容を取り扱うべきだ。それが真理というものだ。国旗・国歌法が審議されているとき、君が代については意見が真っ二つに分かれた。法制化に慎重であるべきだとする意見が多かった。にもかかわらず法制化してしまった。君が代の解釈にしても政府の統一見解は「君」は天皇や天皇の時代を指すと言っているではないか。これでは戦前と同じように日本を天皇の国にしてしまう。そんなものを教育現場に押しつけるのは間違いだ。

私　「困ったな」という思いで後藤さんの発言を聞いた。論点がずれている。日本国憲法の前文第一節に何と書いてあるか。「日本国民は、正当に選挙された国会における代表者を通じて行動し」とあるではないか。日本は議会制民主主義の国であり、法治国家なのだ。国旗・国歌法は我々が選挙で選んだ代表が衆議院においては八割以上が、参議院においては七割以上が賛成して成立したものである。成立した限り、それを守るのは国民として当然ではないか。君が代に関する政府の統一見解にしても、こうでなくてはならぬというものではなく、解釈の一つに過ぎない。政府もそのように言っている。「君」がたとえ「天皇」を指すとしても、戦前と戦後とでは全く意味が異なる。戦後は憲法第一条にあるように、「日本国の象徴であり日本国民統合の象徴であって、この地位は、主権の存する日本国民の総意に基く」ものである。「戦前と同じように日本を天皇の国にしてしまう」と言うのは的外れである。

友田　国旗・国歌の問題は、いつもこの時期に議論をし、職員会議で十分な時間がとれないという状況にある。もっと早い時期からこの問題に絞って議論をする必要があるのではないか。

私　友田さんの意見に全く同感である。私は、四月の段階から昨年の総括を配布してこの問題を提起している。職員会議でこれまで議論をお願いしてきた。そのときには、一言も意見や疑問が出されず、この時期になって同じことが繰り返されている。

議長　日の丸・君が代に関する部分は議論を続けていくことにして、その他の部分は卒業式委員会の案通りで行くということでまとめたい。

まさに「十年一日の如し」の議論です。同じことの繰り返しで普通の神経では参ってしまいます。しかし、校長は逃げるわけにはいかないのです。

ところで、読者のみなさんは「なぜこのような先生たちが異動対象にならないのか」と不思議に思われているかもしれません。当時の人事異動の状況について少し触れておきます。

世間の常識では理解できないことかもしれませんが、大阪では教員自身が異動を希望しない限り何年でも同一校に勤務することができる制度になっていました。そのため、希望外の異動はよほどの例外を除いて全く行われていませんでした。B校にも、新採用以来何年も何十年も勤務している教員が何人もいました。

このような状況はB校に限らず、どの学校でも見られました。「淀んだ水は腐る」と言いますが、人事も同じで、異動がない状況は教員から緊張感を奪い、マンネリに導き、教員を堕落させる原因の一つになっていました。専門性を活かすことができるとか事情に精通し一貫した継続的な仕事ができるなど、同じ学校に長く勤めることのメリットはもちろんあるにはありますが、そのメリットを遙かにしのぐデメリットがありました。

一般校では、私が着任した平成十年よりも十年ほど前から新しい制度が導入され、本人の希望のあるなしにかかわらず同一校に七年以上勤務している教員を異動させることができるようになっていましたが、障害児学校は旧態依然の状態でした。人事というものはおしなべて「強制」が基本ですが、学校というところは、その常識からも隔絶された状況下にあり、組合は、新しい制度をことさら「強制人事」などと呼んで導入を強く批判し、抵抗していました。

平成十年度末の人事から障害児学校にも一般校と同様の新制度が導入され、ある程度人事が動くようになりました。私がB校に着任した平成十年度は、旧制度最後の年でした。

校長批判の新たな文書「いきいき通信」

十二月一日（水）、PTA役員会・実行委員会で、私は、国旗・国歌の取組について触れ、次のように述べました。

ご承知のように、八月十三日にいわゆる国旗・国歌法が施行されました。これまで不文法としての慣習法によって日の丸は国旗、君が代は国歌として定着しておりましたが、成文法としての法律が成立し施行されたことによって、いっそう明確になりました。学習指導要領におきまして、入学式や卒業式等には国旗を掲揚し国歌を斉唱するよう指導することが定められております。昨年度、それを実施する方向で取り組んで参りましたが、国旗につきましては三脚で式場の壇上に掲揚しましたものの、国歌につきましては残念ながらできませんでした。本年度の卒業式からは正しく行う方針で、現在議論を重ねているところでございます。よろしくご理解いただきますようお願いいたします。このことにつきましてご質問がございましたら、何なりとお申し出ください。

実行委員会終了後、副会長の西川さんと懇談し、十一月十二日の国旗掲揚にまつわることや校長としての取組について説明し、ご理解をお願いしました。

十二月七日（火）、吉田分会長と木村書記長が校長室にやって来ました。その折りに、私は、「分会ニュース」の内容があまりにもお粗末であることやウソや認識の誤りが多いことを具体例を挙げて指摘しました。そのときの国旗・国歌に関わる部分のやり取りを抜き出してみます。

私　十二月一日付「分会ニュース」に「昨年、『君が代』の『君』が天皇なら私は賛成しない……と言ったはずが昨日は『いろいろな解釈がある』で、逃げています」とあるが、私は、昨年そのようなことは言っていない。でたらめを書かないでもらいたい。私の考えは文書にもして皆さんに配布している。「国旗・国歌Q＆A」をよく読んでもらいたい。

分会長（吉田） それは、清水さんがそう思って書いたもので分会が書いたものではない。

私 またそのようなことを言う。前にも言ったように、「分会ニュース」に載せる限り、そのような主張は通らない。不誠実な対応で、世論操作をしていると言われても仕方がない。

分会長 見解の相違だ。

私 見解の相違で片付けてもらっては困る。

分会がウソの情報を「分会ニュース」に書いて校長への反感を煽るのは、もはや常態化していました。折りに触れて注意をしてきましたが、彼らは確信犯で、私がいくら言っても全く受け付けません。この日も不遜な態度でふて腐れていました。

そして十二月十五日（水）になると、装いを新たにした校長批判の文書が全職員に配布されたのです。これまでのように「分会ニュース」ではなく、組合色を隠した「いきいき通信1」なる文書でした。文章を書いたのは組合員ではない家塚教諭でした。彼は、やはり左翼思想の持ち主でしたが、方針の違いから組合には入っていないようでした。「いきいき通信1」が分会の肝いりで作られたものであることは見え見えでした。

家塚教諭の主張は極めて一面的で一方的なものであり、以前にも彼が私に提出した文書と内容が同じものでした。その際、私は彼と腹を割って話し合おうと日時を設定し、彼も了承しましたが、約束の時間になってもやって来なかった経緯があります。その後も何度か声をかけましたが、結局彼はやって来ませんでした。話し合いを避けていながら、今度は同様の文書を装いを変えて全員に配布したのです。彼の不誠実な姿勢が垣間見えるエピソードです。

一月十一日（火）、またまた校長批判の文書が配布されました。今度は副分会長の原田教諭が「いきいき通信2」に書きました。彼はご丁寧にも、自ら私の所にこの文書を持ってきたのでした。

彼は、この文書の中で私のこれまでの説明や私が配布してきた文書の中身を取り上げて批判していましたが、事実認識の誤りや一方的な思い込みに基づいた主張で、とても酷い内容でした。私は、「いきいき通信」の1と2への反論文を準備しなければならない状況に追い込まれました。

一月十七日（月）は運営委員会でした。卒業式委員会及び入学式委員会に対して、実施計画に国旗掲揚、国歌斉唱を入れるよう改めて指示しましたが、やはり聞き入れません。入学式委員会の委員長も卒業式委員会の委員長も、「委員会は各部の意向をとりまとめているに過ぎないので、そんなことを言われても対応できない」と主張しました。

私は、やむを得ず、「校長の強い指示があったから入れたということにして入れてください」

と言いましたが、「校長は、教育内容に指示をするのか。教育委員会は、教育内容に指示はなじまないと言っているではないか」などと分会書記長の木村教諭や、吉田教諭、後藤教諭が強く抵抗し、結局、私の言うことを一切聞かぬ態度に終始しました。

運営委員会終了後、木村教諭が、「十五分ほど聞きたいことがある」と校長室にやって来ました。次のようなやり取りをしました。

木村　地方議会の中には学習指導要領撤回決議をあげているところがあるが、このことを校長はどう思うか。

私　地方議会が独自の判断で行うことについて、校長はコメントする立場にない。

木村　国旗・国歌を指導する教育的意義は何か。

私　これまで何度も説明してきたことである。配布した文書にも書いてあるので読んでもらいたい。

木村　よく読んでいないので、もう一度聞かせてもらいたい。

私は、国旗や国歌の意義やそのことを子どもたちに教えることの大切さについて詳しく説明しましたが、木村教諭は左翼イデオロギーに基づいて反論しました。これまでの議論の繰り返しですが、要するに日の丸・君が代は軍国主義に繋がり、天皇を賛美するものだから民主教育には相応しくない、というものです。どんなに理を尽くして話をしても、言葉が彼の頭の上を素通りしていくのです。彼は、思い込みを元に食い下がり、さらには昨年度の私の失態をネタにして衝いてきました。

木村　昨年度、君が代について譲歩したのは何故か。

私　それも文書に書いて配布してあるので、読んで貰いたい。議論の終盤において、「生徒を式場に入れない」と言う教員がいたり、「生徒がパニックを起こして式場を動き回っても指導しない」などという教員がいたこともあり、混乱を避けるという一点で譲歩せざるを得ない心境になったが、あれは適正ではなかった。

木村　高等部と小・中学部とでやり方を変えるようなことを校長は言っていたが、あれはどういうことか。

私　それもすでに説明したことである。高等部の生徒は、練習を見た段階で「聞き慣れない歌を聞いてもパニックを起こすようなことはない」と判断した。

木村　子どもの状況を見て、指導してもしなくてもいいということではないか。

私　そういうことではない。教員が教員としての職務を普通に遂行すれば、当然に指導できることであるし、しなければならないことだ。昨年譲歩したのは、不適正な対応であったと反省している。

あのとき譲歩したことが悔やまれてなりませんでした。このような間違いは二度としてはいけないとつくづく思いました。

一月十八日（火）、「いきいき通信1」と「いきいき通信2」への反論文を作成し、教頭と事務長に見せました。一読して教頭と事務長は、「校長の言う通りであるが、彼らの主張はあまりにも偏っており、稚拙でもあるので、反論する必要はないのではないか」との判断を示しました。結局、原田教諭にのみ反論文を渡すことにしました。原田教諭の教育公務員としての基本認識の誤りなどを指摘し、諭す内容でA四判六枚を超えるボリュームでした。

私は、「気持ちを込めて書きました」と言葉を添えてこの文書を手渡しました。彼は怪訝な顔で黙って受け取りました。読んでくれたかどうかはわかりませんが、その後彼はこの文書について一切触れることはありませんでした。

ついに前向きの意見が出た

一月二十六日（水）、職員会議で卒業式委員会が国旗掲揚・国歌斉唱の入らない卒業式実施計画案を提案しました。私は、改めて次のことを指示しました。

①「はじめの言葉」の次に「国歌斉唱」を入れること。
②「実施計画案」の会場配置図の式場壇上に「国旗掲揚」を明記すること。

入学式委員会も相変わらず「日の丸については、掲揚しない」と明記した実施案を提出しました。国歌斉唱については何も触れていませんでした。私は改めて次のように指示しました。

①「はじめの言葉」の次に「国歌斉唱」を入れること。
② 会場配置図の式場壇上に「国旗掲揚」を明記すること。
③「日の丸については、掲揚しない」の文言を削除すること。

これに対して、九名の職員が次のような意見を述べました。反対論について新味はありませんでしたが、前向きの意見が二名から出されました。友田教諭と吉井教諭です。これまでの議論で反対論ばかりが出ていたことを考えると、画期的なことでした。議論してきた効果が僅かながら現れてきたと思いました。

川上 昨年の卒業式で、国旗が掲揚され、ＰＴＡ副会長が挨拶の中で個人的な見解を述べたことは残念であった。日の丸・君が代を教えることとの必要性の是非について、時間をかけて議論すべきだ。「議論は尽くされた」と校長は言うが、尽くされてはいない。

沢野 十月の職員会議で、卒業式のねらいが明確にされ、「子どもが主人公」であることが確認された。子どもにとってどうなのかを考えるべきだ。憲法にも書かれていないような歌

「君が代」を歌わせることは、子どもたちをないがしろにするものだ。

木村　知的障害のある子どもに国旗・国歌が必要なのか。国旗・国歌がなくても必要なことはやっている。これまで国旗・国歌をやってこなかったのは何故かを考えれば明らかなことだ。

（ここで友田教諭が発言しました）

友田　反対する人は、「障害児には必要ない」などと言うが、そのような理由で反対しているのではないでしょう。日の丸・君が代そのものに反対しているのではないか。これまで子どもたちに国旗・国歌を教えてこなかったことは問題だと思う。校長が実施したいとしていることを教員が「反対だ」といって実行しないことができるのか。そのことを議論すべきではないか。

（しかし議論はまた戻ります）

畑中　昨年の卒業式は感動的だったが、校長は、十一月の職員会議で「不十分だった」と言った。とてもショックを受けた。校長は、子どもが主人公であることを考えていないのではないか。国旗・国歌法はできたが、国民になんらの義務づけもしていない。子どもの内面に立ち入って強制はしないと文部大臣も国会で答弁しているのに、どうして押しつけるのか。総理大臣は、国会答弁で君が代の解釈として、「天皇の国」を表すと言っている。君が代は、国民主権の憲法に反する。国旗・国歌の話が出ると気持ちがしんどくなる。校長はどう考えているのか。

（堂々巡りの中、吉井教諭がこう言いました）

吉井　学校でいくら教えなくても、社会に出れば国旗・国歌がある。なのに学校で子どもたちに教えないのはおかしい。憲法の下における日の丸について、教えるのは当然だし、そのような環境であってほしい。日本人として恥ずかしい思いをしないで日の丸を掲げることができるような社会にしていかなければならない。私たちも努力をしていかなければならないと思う。

（それでも島田教諭がまたもとに戻します）

島田　日の丸はともかく、君が代は、畑中さんも指摘した通り、国民主権の日本国憲法に反するものであり、障害者等の社会的弱者を大切にする考えとは相容れないものである。先日の日曜日にテレビ番組の「知ってるつもり?!」を見た。アンネ・フランクとオードリ・ヘップバーンを題材にしたものだ。あのような時代を二度と作ってはいけない。ノーモアアンネ・フランクだ。そのためにも、「君が代」には反対しなければならない。

議論を黙って聞いていた私は、最後に次のように述べました。

一部を除く皆さんの発言は、主観的な感情論と事実に基づかない思い込みによるものであり、とても残念に思う。これまで私が皆さんに語りかけてきたことや、文書にして配布してきたことの中で、回答したことばかりである。これまでに配布した文書をもう一度よく読んで貰いたい。

「子どもたちが主人公」と言うが、学校における教育活動は常に子どものことを考えて行うべきものであり、言わずもがなのことである。皆さんが「子どもが主人公」と言うときその対極に校長を置いて、あたかも、私が子どもを大切にしていないかのように言うのは間違ってる。子どもを大切に思わない校長はいない。

国旗・国歌の指導は、どの子どもにも身に付けさせる必要がある大切な教育課題であり、それ故に学習指導要領に指導することが定められているものである。それを教えることが、どうして「子どもが主人公」に反するのか。学習指導要領に定めていることを、教員が「必要ない」などと判断すること自体が、そもそも間違っているのだ。

時間の都合で詳しく述べることができなかったこともあり、また、国旗・国歌が話題になる職員会議には欠席する職員が多くなっている現状も踏まえ、改めて文書を配布することにしました。

分会との話し合いを拒否

一月二十八日（金）、分会長がやって来ました。次のような議論になりました。

分会長（吉田） 分会として、国旗・国歌について校長と話し合いをしたい。応じてもらいたい。

私 これまで十分に話し合ってきた。出された疑問や意見に対して、ことごとく答え、校長としての考えや方針を明確にしてきた。分会と個別に話し合わなければならない理由はない。

分会長 昨年と今年では、生徒の実態も異なるし新しく本校に来た教職員もいる。議論は終わっていない。

私 昨年度の経過について総括し、文書にまとめて昨年四月に全員に配布した。機会あるごとに国旗・国歌の指導について職員に話をしてきている。文書も精力的に配布してきた。同じ議論を繰り返すことは避けたい。

分会長 交渉を拒否するのか。「話し合いを拒否した」と皆に言うぞ。

私 「話し合い拒否」などという批判は当たらない。これまで百回近い話し合いを行い、文書も配布して、出された全ての問題に答えている。ここまで話し合いをしている校長は他にいないと自負している。「話し合い」というが、「分会ニュース」に国旗・国歌を「排除する」と書いているではないか。排除するために来る

分会長　分会に応じる必要はないし、そのつもりもない。
分会が話し合いに来たら、昨年の十一月十二日のようにまた校長室に鍵をかけるのか。

私　あのときは、祝意を表す当日に混乱を起こしたくないという思いから、「校長室に来ないでもらいたい」とハッキリと言っていたのに、あなた方がやって来たため、校長としての意思を明確に示すためにやむを得ず取った措置だ。分会も信義は守ってもらいたい。これからも、こちらが「来ないでもらいたい」と言っているのに無理矢理校長室に押しかけるようなことがあれば、本意ではないが校長室に鍵をかけることはあり得る。

分会長　交渉を拒否するのだな。

私　いつも言っているが、適法な交渉であれば校長は拒否できない。拒否するつもりもない。だが、国旗・国歌の指導は管理運営事項であり、組合の交渉事項ではない。分会と個別に話し合わなければならないものではない。話し合いはもう十分に行ってきた。「排除」するためにやって来る人たちに応じることはできない。

分会長　木村さん（書記長）と二人で話し合いに来てもダメか。

私　場合による。分会長・書記長として来るのであれば、応じない。

分会長　一職員として、管理運営事項について質問に来てもダメか。

私　一般論として、職務に関わって職員が質問や相談に来れば、校長として事情の許す限り会わないわけにはいかない。が、国旗・国歌についてはこれまで十分に話し合っており、校長としての考えや方針を明確にしているので、繰り返しの議論はしたくない。

分会長　昨年も校長は、「最終判断だ」と言ったあとも話し合いに応じて譲歩したではないか。

私　昨年のような失敗は繰り返さない。昨年は、校長としてはじめての卒業式であり、「生徒を式場に入れない」とか「生徒がパニックを起こしても知らないぞ」などと言う職員が出るに及んで、「混乱を避ける」という一点で断腸の思いで譲歩したのだ。今年は、譲歩しない。混乱なく式を行うことができると思っている。

分会長　国歌斉唱ということだが、それをどこでやるのか。

私　何度も言っている通り、プログラムの「はじめの言葉」の次に行う。

分会長　曲はどうするのか。誰かにピアノを弾かせるのか。「職務命令を受けたらどうしよう」と悩んでいる音楽の教師もいる。

私　国歌をピアノ演奏し、それに合わせて歌うのが本来の在り方だと思うが、これまでの議論の中で、一度もピアノ演奏の話をしていないので、突然教員にそれを命

分会長　じるようなことはしない。

私　演奏もそうだが、このようにまだ話し合わなければならないことが残っているのだから、話し合いに応じるべきだ。

必要なことは職員会議等全体の場で話し合えばよい。分会と個別に話し合う問題ではない。

分会長は、ここでも昨年の私の譲歩をネタにして攻めてきました。返す返すも間違いだったと思いました。彼らに格好の材料を与えてしまったことを悔やみました。

この話し合いの中で、私は、昨年二月に吉田分会長（当時は書記長）が保護者に校長批判の文書を配布したことを取り上げ、その問題点を指摘して注意しました。しかし、彼は、「ふん」と鼻で嗤い、全く反省の色を見せませんでした。

二月二日（水）、「国旗・国歌Q＆AⅣ」を書き上げ、教頭、事務長を交えて読み合わせをしました。この「国旗・国歌Q＆AⅣ」は、一月の職員会議のやり取りをベースにしたものです。一月二十六日の職員会議は欠席者が多く、国旗・国歌に関する私の指示やそれに対する議論が皆に徹底しない恐れがあったので準備したのです。

ここで教頭と事務長についても若干触れておきたいと思います。本書をお読みの方はこの二人の影があまりにも薄いのではないかと思っておられるかもしれません。

一般の企業であれば、ピラミッド型の管理機構があり、それぞれの立場で管理責任が背負わされています。一人の部長が数名の課長を管理し、一人の課長が数名の係長を管理するといった具合に、一人の管理職がせいぜい十名前後を管理すればよい仕組みになっているのが一般的かと思われます。

学校の場合は、このような管理機構とはまったく隔絶された状況にあります。実質的な管理職は校長だけです。教頭も一応は管理職ですが、あくまでも校長の補佐役の位置にあり、基本的に校長の指示を受けた範囲でしか所属職員に職務命令を発することはできません。校長は校長職という管理職の位置にありますが、教頭は身分的には他の教員と同様に「教員」の位置づけになっています。

したがって、教頭は、所属職員に対して単独であまり強く発言できる立場にはありません。あくまでも校長を助け校務を整理調整するのが役割です。一方、事務長は、学校に配当された予算の運用執行に係る事務を統括しますが、あくまでも校長を補佐する立場にあり、いわゆる管理職ではありません。所属の学校事務職員数名を統括し、仕事上の相談や指導・調整等に当たります。つまり、事務職員にとって事務長は「上司」ではあっても、教育活動に関わって教員に対してものを言う立場ではないのです。

職員会議などで教頭や事務長が発言をするのは、校長の指示や承認のもとで事務連絡をする程度のことが一般的で、教員の発言に対して直接反論したり指導したりすることはよほどの例外を除いてありません。本書の中で、教頭や事務長の動きが霞んで見えるのはそのためです。

二月八日（火）、「国旗・国歌Q＆AⅣ」を全教職員に配布しました。A四判九枚に及ぶ文書ですが、これまでの「Q＆A」との繰り返しも多いため、ここではこの年度に施行された国旗・国歌法に関する部分についてのみ紹介します。

国旗・国歌Q＆AⅣ

《質問》　君が代の斉唱を指導せよとは、強制であり、押しつけである

《回答》　一月の職員会議で、「国旗・国歌法はできたが、国民になんらの義務づけもしていない。子どもの内心に立ち入って強制はしないと文部大臣も国会で答弁しているのに、校長はどうして押しつけるのか」という趣旨の発言がありましたが、これは、実に奇妙な主張です。国旗・国歌法は、「日の丸」（「日章旗」）と「君が代」をそれぞれ我が国の国旗・国歌とすることを定めたものであり、国民一般に、何らの義務も負わせていないことは指摘のとおりです。しかし、指導することと内心に立ち入って強制することとは別の概念であり、私が国旗・国歌の指導をお願いしたことを「押しつけ」と批判するのは、筋違いです。このことに関わって小渕総理大臣は次のように述べています。

『我が国の国民として、学校教育におきまして、国旗・国歌の意義を理解させ、それらを尊重する態度を育てることは極めて重要であることから、学習指導要領に基づいて、校長、教員は、児童生徒に対し国旗・国歌の指導をするものであります。このことは、児童生徒の内心にまで立ち至って強制しようとする趣旨のものでなく、あくまでも教育指導上の課題として指導を進めていくことを意味するものでございます。この考え方は、平成六年に政府の統一見解として示しておるところでございまして、国旗・国歌が法制化された後も、この考え方は変わるところはないと考えます』(平成十一年七月二十一日　衆議院内閣委員会)

文部大臣も次のように述べています。

『やはり指導ということは教え導くということだと思っています。強制というのは無理強いをするということですね。そこに違いがあると思います。今の御指摘の、学校において学習指導要領に基づいて具体的な教育課程を編成して、適切な教材を用いて児童生徒に必要な教育内容を教えることになっておりまして、児童生徒に必要な事項を教え指導することは、これは教え導くという形でやるわけでございまして、通常の指導方法で行われる場合にはいわゆる強制はないと私は信じております』(平成十一年八月六日　衆議院国旗及び国歌に関する特別委員会)

政府のこのような見解は、私がこれまで皆さんに説明してきた内容と同じものです。「『歌いなさい』と押しつけるのはおかしい」という指摘に対して、私は、「『歌いなさい』と押しつけるのではなく、国歌斉唱を指導するのです。皆さんはたとえば校歌を指導するとき、『歌いなさい』と押しつけるのでしょうか」と述べました。「日本人としての自覚とか誇りとかは、押しつけられてできるものではない」という指摘に対しては、「『押しつけ』ととるからおかしなことになるのではないでしょうか。基礎・基本を育てる教育活動の一環として指導することを、正しく踏まえることが大切です」と述べています。そのことに対して何一つ有効な反論をしないまま、「強制」とか「押しつけ」の主張を繰り返すのは、理解に苦しみます。

「障害を有しない生徒であれば、自分の意思を表明することができるが、知的障害の子どもたちにはできないのだから、『指導』といっても『強制』と同じだ」というような論調が一部に見られますが、これもおかしなことです。このような主張が正しいとすれば、およそ知的障害を有する子どもの教育という行為そのものが、成り立たなくなってしまう恐れがあります。

これに関連することは、「国旗・国歌Q＆AⅡ」ですでに触れています。「一般校の子どもは、自分で判断して考えることもできるが、本校の子どもたちはイヤでも黙って従うしかない。それに対して意見を言うことはできない」という指摘に対して、私は、「このようなことを理由に、『指導しない』ことを正当化できるのでしょうか。もしそれが正しいなら、子どもが『イヤ』ということは何一つ教育できなくなるのではないでしょうか」と述べています。教員の職務が何かを普通に考えれば、「強制」とか「押しつけ」だからいけないなどという主張がおかしいことは明らかなことです。

ところで、国旗・国歌の指導を「強制」云々と言って反対する人たちの中には、憲法十九条の定める「思想・良心の自由」を根拠に挙げる人もいますが、これも正当な理由とはなり得ません。職員が当然の職務を行う場合には、職員個人の思想・良心の自由は合理的な範囲において制限されるものです。学習指導要領で指導することが定められていることは、教員の思想・信条とは関わりなく指導しなければならないものであり、職務とあらば、たとえ自分の考えと異なっていても、当然遂行することが求められるのです。文部大臣も次のように述べています。

『一般に、思想、良心の自由は、それが内心にとどまる限りにおいては絶対的に保障されなければならないということは繰り返し申し上げているとおりでございますが、それが外部的行為となってあらわれる場合には、一定の合理的範囲内の制約を受け得るものと解されております。校長が学習指導要領に基づき法令の定めるところに従い所属教職員に対して本来行うべき職務を命じることは、当該教職員の思想、良心の自由を侵すことにはならないと考えられます』（平成十一年七月二十一日　衆議院内閣委員会文教委員会連合審査会）

「強制」とか「押しつけ」と言って国旗・国歌の指導を行わないのは、いわば職務怠慢であり、教員としてとるべき態度ではないのです。

　昨年九月の職員集会と職員会議で、私が国旗・国歌法の制定・施行について説明した際、「国旗・国歌法が施行されても、学校における国旗・国歌の取り扱いはこれまでと変わるものではありません」と言いましたが、そのことを捉えて「これまで本校では実施していないのだから、これまで通りであるということであれば、これからも実施しないという意味に理解してよいか」という趣旨の質問がありました。

　私は、そのとき即座に「そのような意味ではありません」と答え、「これまでと変わらないというのは、日の丸・君が代が我が国の国旗・国歌であることは国旗・国歌法ができたからそうなったというのではなく、これまでもそうであったという意味であり、学校における国旗・国歌の取り扱いは学習指導要領の規定に基づいて行われるものであり、これまでもそうであったし、これからも変わりはないという意味です」と説明しました。

　ところが、一月の職員会議では、そのことがまた繰り返され、「昨年九月一日の職員集会で、校長は、国旗国歌法が成立したことを紹介し、国旗・国歌法が成立してもこれまでと何ら変わらないと言った。これまで本校では国歌斉唱を行っていないから、行わないということだ」などという趣旨の発言がありました。全く困ったものです。「学校における国旗・国歌の取り扱いはこれまでと変わるものではない」という私の説明は、政府も国会答弁で明確にし、マスコミでも報道されたことであり、取り違えるようなものではないはずです。本当に理解に苦しみます。ちなみに、文部大臣は次のように答弁しています。

『教員は、関係の法令や上司の職務上の命令に従いまして教育指導を行わなければならないものでございまして、各学校においては、法規としての性質を有する学習指導要領を規準といたしまして、校長が教育課程を編成し、これに基づいて教員は国旗・国歌に関する指導を含め教育指導を実施するという職務上の責務を負うものでございます。本法案は、国旗・国歌の根拠について、慣習であるものを成文法として明確に位置づけるものでございます。これによって国旗・国歌の指導にかかわる教員の職務上の責務について変更を加えるものではございません』(平成十一年八月二日　参議院国旗及び国歌に関する特別委員会)

《質問》　慣習法の説明に無理があったから、国旗・国歌法が制定された

《回答》「校長は、『日の丸・君が代が我が国の国旗・国歌であることは、慣習法で決まっている』と説明してきたが、その説明に無理があったからこそ、『国旗・国歌法』が制定されなければならなくなった」などという主張が一部に見られます。これは事実を事実として見ようとしない姿勢であると言わなければなりません。

学習指導要領の規定に基づいて国旗・国歌の指導を皆さんにお願いしたとき、「日の丸・君が代が日本の国旗・国歌であることは決まっていない」とか「法的根拠がない」などという趣旨の

主張をして、抵抗する論調がありました。そこで、私は、日の丸・君が代が我が国の国旗・国歌であることは長年の慣習で定まっており、国内だけでなく国際的にも認められていることを「慣習法」の観点から説明しました。

平成十年十一月二十五日に全員に配布した「職員会議資料」には、慣習法とは「慣習に基づいて成立する法。法的効力を有する慣習。慣習が社会の法的確信を伴うに至ったときに成立し、そこまでには至らない『事実たる慣習』と区別される」（有斐閣「法律用語辞典」百八十八ページ）ものであことを紹介したのをはじめ、世論調査の結果や、慣習法が成立する要件は何か、各種裁判ではどのように判示されているか、などについて多くの資料を載せ、日の丸が我が国の国旗であることの根拠を明確にしました。

「国旗・国歌Q＆A」では判例を紹介するとともに、これまでも述べたとおり、「君が代」が我が国の国歌として登場した経緯や戦後の「君が代」の解釈などについて説明しました。「国旗・国歌Q＆AⅡ」では、一人一人の疑問や反対意見に対して、その全てに校長としての見解を示し、その中で、国歌については「憲法判断をする必要がない」と判示した最高裁判所の判例も紹介しました。慣習法は不文法であり、いわゆる成文法としての法律とはその点において異なるものの、社会規範としての効力は変わらないものであり、日の丸・君が代が我が国の国旗・国歌であることは紛れもない事実であることを何度となく説明しました。

しかし、国旗・国歌の指導に反対する人たちは、どんなに根拠を明らかにして説明しても、

「法律で決まっていない」とか「法的根拠がない」などと言って、日の丸・君が代が我が国の国旗・国歌であることを認めようとしませんでした。このたびの国旗・国歌法の制定は、不文法を成文法として明確にし、このような混乱を収拾しようとするものであって、日の丸・君が代が我が国の国旗・国歌であることは慣習法で定まっているという説明に「無理があったから、国旗・国歌法が制定された」のでは決してありません。このことは、国会における質疑の中で、小渕総理大臣が次のように述べていることからも明らかです。

『既に慣習法として定着しているものではございますが、二十一世紀を目前に控え、本法律案が国会にて可決、成立されればまことに意義深いと受けとめております。成文法で明確に規定されることによりまして、国民の皆様方から日の丸の歴史や君が代の由来、歌詞などについてより理解を深めていただくことを心から願っておるところでございます』（平成十一年八月九日　参議院国旗及び国歌に関する特別委員会）

ところで、平成十一年八月十三日に国旗・国歌法が施行されてからすでに半年近くが経過しますが、「日の丸・君が代が日本の国旗・国歌であることは決まっていない」とか「法的根拠がない」などという趣旨の主張をした人たちの多くは、今なお日の丸・君が代を国旗・国歌と呼びたがらないでいます。

これはどうしたことでしょうか。昨年十一月職員会議では、「慎重であるべきだとする国民世論を無視して法制化したのは、民主主義に反する」といった趣旨の発言をした人がいましたが、もしそのようなことを理由にしているのであれば、法律というものに対する基本認識に誤りがあると言わなければなりません。法律が成立する過程や経緯が気に入らないからといって、その法律を守らないことが許されるはずはありません。まして、教育公務員である教員が、勝手に判断して法律を守らないようなことはあってはならないことです。慣習法で定まっているという客観的事実を前にしても「法的根拠がない」と言って反対し、成文法という法律で明確に決まっても「民主主義に反する」などと言って反対する姿勢は、「イヤなものはイヤ」という姿勢そのものであり、学校教育に携わる教員の取るべき態度ではないと私は思います。

国旗・国歌に関して、これまでいろいろな形で話し合いをしてきました。その回数も百回前後になります。配布した文書もA四判で九十枚を超えています。これほど丁寧に議論をしてきた学校は、他にあまりないだろうと自負しています。

二年近くに及ぶ議論の中で私は、皆さんから出された疑問や意見の全てに誠心誠意答えてきました。その結果、国旗・国歌の指導についての理解は相当深まったと思っていますが、もし、まだ議論が残っていることがあれば、どうぞ二月の職員会議で出してください。全体で話し合って、一層理解を深め、卒業式や入学式を平穏かつ厳粛に執り行う体制を整えたいと思います。

昨年度は職員会議以外の話し合いにも積極的に応じてきましたが、今年度は、個別の話し合いは基本的にお断りをしたいと思います。これまで十分に話し合いをし、出された問題に校長として可能な限り答えてきた経過を踏まえ、その必要がないと判断しているからです。それに、これまで話し合いの機会はいくらでもありました。本年度に入ってからも、四月当初から何度も国旗・国歌の指導を皆さんにお願いしてきました。卒業式や入学式を目前に控え、あわてて話し合わなければならないようなことは何もないと思います。

分会から、昨年度のように個別の話し合いに応じて欲しいとの申し入れがありましたが、お断りしました。国旗・国歌の指導は教育の実施に関わることであり、管理運営事項そのものです。

本来職員団体（組合）と個別に話し合わなければならない事項ではありません。職員会議等の公の場で話し合うべき問題です。これまで、相互理解を深めて学校運営を円滑に行う観点から、分会と何回も話し合って来ましたが、同じことの繰り返しで、これ以上個別に話し合っても進展は望めないと思っています。

一月の職員会議は、欠席者が多くて成立しませんでした。恥ずかしい限りです。言うまでもなく、職員会議は児童生徒の教育について話し合う場であり、学校運営にとって重要な役割を担う会議です。「子どもたちが主人公」という気持ちがあれば、よほどのことがない限り欠席できないはずです。教職員としての自覚に立って職員会議に出席し、議論に参加していただきたいと思います。

第四章　それは指示か、職務命令か

こんなウソを書いてはいけない

こちらがどんなに誠意を見せても、何を語っても、教職員には届きませんでした。私が「国旗・国歌Q＆AⅣ」の文書を全教職員に配布した約一週間後の二月十六日（水）、「分会ニュース」がまた次のようなデタラメを書きました。

校長の発言は常に自説が定説であるとする所がありますが誤っていると思いますし、フライングの姿勢だと思います。

①日の丸、君が代が戦後の民主化を表すという説は極めて少数の説です。

②校長が職会を主宰するという考え、これはまだ文部省の案であり定まったものではありません。一月二十一日の発表の学校教育法施行規則の改正案が逆からうらづけています。

③学習指導要領の法的根拠（以前から指摘されていますが）を裏付ける判例そのものについても、全文からは「すべてか、なしか」という判断ではなく、いくつもの但し書き規制のもとで、そう判断するとあり、全面的にその根拠を支持したものではなく、絶対的な判断として扱うこと、これもフライングです。なぜいつもフライングする姿勢なのか考えさせられます。

分会長の吉田教諭に「こんなウソを書いてはいけない」と注意しましたが、「川村さんが書いたものだ」と言って反省の色を見せませんでした。

二月十六日（水）の職員会議では、また同じ議論が繰り返されました。ただ、前回と同じ友田教諭と、新たに湯川教諭からも前向きの意見が出たのは救いでした。

家塚　国旗・国歌の押しつけは、思想・信条の自由を侵すものだ。福岡県では、従わない者を処分することで一〇〇％の実施率になっている。物言わぬ人間、判断しない人間を作っている。学習指導要領に反対しなければならない。

北村　世の中全体が怖い流れの中にあるように思われる。学習指導要領が全く正しいのか。教育現場にいる者は問題を指摘することが大切だ。国旗・国歌について教えないというのではない。子どもたちの実態に照らし、国を愛することや国際性を育むことよりも厳しい世の中で生きていく力を養うことの方が先決である。

田中　学習指導要領には法的拘束力があるとのことだが、納得できない。戦後教育の荒廃の元凶は、学習指導要領にある。民主社会の主権者を育てる教育、落ちこぼしを出さない教育こそが大切だ。

坂上　校長が国旗・国歌のことを言うたびに暗い気持ちになる。校長の話には明るい展望がない。よりよく生きるためにも発言しなければならない。言論の自由がなくなっていくような気がする。

山下　小渕総理は国会答弁で確かに「天皇の国」発言を行っている。校長の資料はおかしい。校長は、昨年度の卒業式の感想を聞かれて「同感だ」と言ったというが、私は聞いていない。心の中で思ったのなら、ちゃんとそのように発言すべきだ。ほとんどの人が押しつけに反対しているのに、我々の言うことを聞かないのはおかしい。

川上　昨年度は国歌斉唱はなかった。校長が我々の訴えを理解し、子どもたちの実態を考慮してのことだと思う。今年も配慮してほしい。国旗も、これまで玄関に揚げていたのだから、それでいいではないか。式場に揚げる必要はない。

友田　校長の方針に従わなければならないのではないかと思う。学校の外では実際に国旗・国歌があるのに、指導に反対する人たちは、そのことをどう考えているのか。教員だけが「必要ない」などと判断してよいのか。実施してみて、保護者の考えを聞いてみたらよい。市役所に行けば、いつも国旗が揚がっている。

湯川　教師になったとき服務の宣誓を行った。法令に照らして考えれば、国旗・国歌の指導を行わないわけにはゆかない。我が国は議会制民主主義の国であり、公務員として宣誓して教師になったのだから国旗・国歌に反対であっても従わざるをえない。式当日までももめるようなことはやめてほしい。意見の違いで人を色分けするようなことはしないでほしい。

私は発言しようとしましたが、議長が私に発言させまいとしました。私は、議長の態度を戒めて発言し、反対論の誤りを指摘しましたが、卒業式委員会の実施案を採決するよう求める動議が出され、議長は採決を行いました。結果は次の通りです。

賛成七十三、反対八、白票九、保留三（校長、教頭、事務長）

「反対」は昨年より六票増えていました。私は、改めてつぎの指示を行いました。

① 卒業式のしおりに「国歌斉唱を」明記すること。
② 卒業式の練習において、国歌斉唱を指導すること。
③ 卒業式の予行において、国歌斉唱を行うこと。

これに対して、卒業式委員会委員長の島田教諭が、「職員会議と校長の板挟みにはならない。職員会議の決定に基づいて行動する」と発言しました。議長も、「職員会議の結果に基づいて行動してください」と述べましたが、私は、即座に発言し、「校長の指示に従うのが職員としてとるべき行動であり、それは職員の職務上の義務でもある」とたしなめました。

職員会議後、「分会ニュース」に誤りの記事を書いた川村教諭を呼んで、「事実に基づかないことを書かないように」と注意しましたが、反省の色は見えませんでした。

教職員のほとんどが私の言うことを受け付けない現状を受けて、私は文書による職務命令を出すことにしました。本当はやりたくない手法ですが、教職員が口頭による指示を無視し続ける状況を打開するためにはやむを得ないことでした。
二月十九日（土）、卒業式の国旗・国歌について文書による次のような職務命令を発しました。このような形で指示を出したのは、はじめてのことです。前年度の轍は踏むまいとする意気込みからでした。

卒業式における国旗・国歌の取り扱いについて

標記のことについて、二月十六日（水）の職員会議で校長としての最終判断を示しましたが、欠席者が多数にのぼり、全員に徹底できませんでしたので、改めて左記のとおり指示します。役割分担に基づいて、職務を遂行してください。

記

① 卒業式実施計画にある「日の丸は、掲揚しない」の文言を削除すること。
② 卒業式実施計画の会場配置図式場壇上に「国旗掲揚」を明記すること。
③ 式次第の「はじめの言葉」の次に「国歌斉唱」を入れること。
④ 卒業式のしおりに「国歌斉唱」を明記すること。
⑤ 卒業式の練習において、国歌斉唱を指導すること。

⑥　卒業式の予行において、国歌斉唱を行うこと。

小学部で、職務命令に対する反発があり、「校長室に抗議に行く」との動きがありましたが、私は、応じませんでした。

教頭からの報告によると、中学部でも川村教諭が「具体的に何をせよということか」と反発したとのことです。

国会答弁まで「疑わしい」

二月二十三日（水）、「分会ニュース」がまたウソの記事を載せて私を非難しました。翌日、分会長が「話し合い」をしに校長室へ来たとき、記事について抗議し、訂正を求めました。彼は、それには答えず、職務命令について噛みついてきました。

分会長（吉田）　校長が十九日に配布した文書は、「指示します」となっているが、これまでの「お願いします」とどう違うのか。

私　職務遂行に関わって、校長が所属職員に「指示します」と言おうと「お願いします」と言おうと、性格は変わらない。

分会長　どういう性格か。

私　聞かれれば、「職務命令としての性格を有する」としか答えようがない。

分会長　それでは、これ（私が出した文書を示して）は職務命令か。

私　そうだ。職務命令だ。だが、学校は良識の府であり、信頼を基盤として動くところであるので、「これは職務命令だ。やりなさい」というようなやり方は普通はしないものだ。私としてもそのようなことはしたくない。「職務命令だ」と言えば、言った方もそれを受けた方も覚悟をきめなければならなくなる。職務命令に背けば、処分の問題がつきまとう。そのようなことは誰も望んではいない。

分会長　わかった。自分としてもこれ以上言うつもりはない。ところで、君が代の曲はどうするのか。テープを使うのか。

私　テープを使う。

彼はこのような短い会話で退くような男ではありません。翌二十五日（金）、また校長室にやって来ました。そして、これまで私が何度も説明してきたことを無視してあれこれと言い始めました。これは、議論をして理解を深めようとする真摯な姿勢ではなく、何度も繰り返し攻撃して、私に音を上げさせるのが目的です。やりきれないことですが、二年近く接触しているうちに、彼の小狡い策士的な性格が私にはわかってきたのです。

しかし、避けるわけにはいきません。彼の発言に丁寧に答えました。

分会長　校長は、卒業式や入学式をどのように持っていきたいか。

私　混乱なく、粛々と行いたい。混乱は何としても避けたい。混乱を起こせば、子どたちに申し訳ない。

分会長　混乱は我々も望まない。物理的な妨害はしないつもりだ。君が代斉唱のときに起立を求めるのか。

私　これまで一貫して話している通り、国旗を掲揚し国歌を斉唱するときには起立をするのが国際社会の礼儀だ。そのことを教えるのも教育の大切な課題である。

分会長　障害のない子どもであれば、自分の意思を表明できるが、本校の子どもたちはできない。君が代斉唱は、子どもの権利条約に違反しないか。

私　以前にも説明したが、違反しない。学習指導要領に学校教育の内容として定めていることを教えることは、あなた方が言うような押しつけでも強制でもない。思想・良心の自由を侵すものでもない。

分会長　保護者の意向を確かめる必要があるのではないか。

私　学習指導要領で指導することが定めてあることを行うのに、保護者の意向をいちいち確かめなければならないというものではない。「特別活動」として行う教育内容は、どの学校でも行うことが必要なものだ。学校裁量でしてもしなくてもよいというものではない。もし、保護者がそのことに反対であれば、学校に言うべきことではなくて政府に対して言うべきことだ。

分会長 入学式も卒業式も法令に基づくものではないのに、入学式や卒業式において国旗・国歌を義務づけるのはおかしいではないか。

私 確かに入学式や卒業式は法令の定めに基づくものではないが、日本においては、入学式や卒業式をしない学校はないと言って良いほど定着している。この意味において、まさに慣習として定まっており、いわば慣習法としての根拠がある。法令に基づかないという主張は当たらない。

分会長 慣習法については議論のあるところだ。日の丸・君が代が国旗・国歌であるというのも、慣習法で定まっているというのであれば、法制化する必要がないではないか。

私 日の丸・君が代が我が国の国旗・国歌であるということは、国際的にも国内的にも認められてきたことで世論調査の結果からも明らかなことだ。だが、一方、そのことに反対する人たちがいたことも事実で、そのことが、一定の混乱をもたらしていたことも否定できない。慣習法は不文法であり、文字で書かれた法律とは異なり、曖昧さがあるのは仕方のないことだ。法制化されたのは、このような曖昧さや混乱を収拾するという意味も持っている。慣習法で定まっていても法制化することの意義はある。

分会長 野中官房長官の発言ははじめに言っていたことと後で言っていたこととは矛盾している。校長が持っている政府が出した国会答弁等の資料集は疑わしいものだ。

私　インターネットで情報がオープンになる時代だ。国会の会議録もいつでも手に入る時代に、政府が出す資料集にウソがあるとは思えない。

分会長　式が近づくにつれて校長と話し合えという声が強まると思う。自分は校長の気持ちがよくわかっているが、そのような声を抑えられるかどうかわからない。

私　個別の話し合いはしないと明言している。校長室に来られても受ける訳にはいかない。真に必要な話し合いであれば、臨時職員会議なり職員集会なりの全体の場で行いたい。

分会長　昨年も卒業式の直前に校長に断腸の思いで決断してもらった。今年もぎりぎりまで考えてもらいたい。

私　そのようなことには何も答えられない。

二月二十九日（火）、高等部三年の学年主任（吉井教諭）が、「卒業式のことで、学年団有志として校長に話を聞いてもらいたいので、応じていただきたい」と言ってきましたが、「話し合いが必要であれば、学年団と個別に行うのではなく、職員会議等全体の場で行うべきものです。国旗・国歌を断念せよという要求には応じられません」と断りました。

式次第を隠す教員

三月になると、卒業式が間近に迫っていることもあって、動きがいっそう緊迫してきました。

教員の抵抗が具体的でしかも悪質になってきたのです。

三月一日（水）、「卒業式のしおり」を担当していた松下という女性教諭が、教頭の指示を無視して式次第から「国歌斉唱」を抜いてしおりを準備していることがわかりました。教頭から次のような報告を受けました。

高等部の松下教諭が、国歌斉唱のない原稿を持ってきたので、「これでは校長の決裁が得られない。国歌斉唱を入れてください」と言って返しました。ところが、松下教諭は、「職員会議の決定に基づいて行う」と言って聞かないので、「それでは、元のフロッピーを提出してください」と言いました。

私は、本日中にフロッピーを提出させるよう、教頭に指示しましたが、松下教諭は指示に従わず、フロッピーを持ってきませんでした。

翌三月二日（木）、私は教頭と事務長に次のことを指示しました。

① 保護者に配布する「しおり」に「国歌斉唱」を入れて完成し、配布の手はずを整えること。その際、例年通り卒業予定生に持ち帰らせるようにすること。

② 式の司会者と打ち合わせを行い、「国歌斉唱。皆さんご起立ください」と言うように指示

することと。司会者が指示に従わないときは教頭が司会をすること。

③式場の放送設備を点検し、国歌のテープが放送できるようにすること。当日の放送作業は教員の担当者にさせること。担当者が指示に従わないときは、事務長が作業をすること。

④万一、放送設備が使えないときは、教頭がラジカセで国歌を流すこと。ラジカセを用意し、リハーサルをすること。

⑤式場に張り出す「式次第」に「国歌斉唱」を入れて準備すること。担当者が指示に従わないときは、教頭が準備すること。

こんな指示を出さなければならないこと自体がそもそも異常です。社会一般に通用するものではありません。実に情けない思いでした。

三月三日(金)、本日中に卒業式のしおりを完成して配布の手はずを整えるよう、教頭に指示しました。午後になって、卒業式委員会委員長でもある島田教諭が国歌斉唱の入らないしおりを印刷したことがわかりました。教頭は、印刷したしおりを全て持ってくるよう彼女に指示しましたが、「ロッカーに入れてあって、キーを他の教員が持って帰ったので出せない」などと言って指示に従いません。

教頭が、「それでは明日の朝一番に提出してください」と言ったところ、島田教諭は、「そうします」と答えたということでした。

この日、職員会議議長の岡本教諭、黒木教諭、吉田教諭、木村教諭が、国旗・国歌のことで臨時職員会議を開いてほしいと、申し入れに来ました。やり取りは次の通りです。

吉田　今日は議論しに来たのではない。二月の職員会議の採決の結果と校長が指示したこととに開きがあり、職員が不安に思っている。このままでは、式が混乱することが懸念されるので、臨時の職員会議を開いてもらいたい。

黒木　不安に思っていること、混乱が予測されることに加え、子ども本位の卒業式にしたいという観点から、話し合いに応じてもらいたい。

私　卒業式については、二月十六日の職員会議で結論が出ている。職員が採決によって自分たちの意思を示し、私はこれまでの経過を踏まえて最終的な判断をし、職員に指示をした。指示に従って職務を遂行すれば、何も混乱は起こらない。職員としての職務を粛々と遂行してもらいたい。臨時の職員会議を開かなければならない理由は見当たらない。

岡本　校長が指示した通りに職務を遂行すれば混乱は起こらないというのは、その通りだが、職員の側から言えばそういうわけにはいかない。不安に思っている。

私　今聞いたような理由では職員会議は開けない。必要な話し合いには応じることにやぶさかではないが、これまで議論してきたことの繰り返しはしたくない。二月十六日の職員会議で示した最終判断の指示及び翌十七日付けで出した指示文書の内容を変える気持ちは毛頭ない。私が指示を変えることを期待して職員会議を開けと言っているのであれば論外だ。

吉田 校長が開かないと言うのであれば、それでもいい。職員会議規定によれば、議長団が招集することができることになっている。校長欠席のまま開けばよい。

私 そのようなことを言い出すと、違う問題が生じてくる。職員会議は、管理規則にもあるように、校長が招集し主宰するものだ。校長が認めない職員会議などありようはずがない。どうしても開かなければならない理由があるというのであれば、具体的に出してもらいたい。

吉田 校長に質問したい新たな問題がある。職員会議でそれを質したい。

私 わかった。質問に答えるための職員会議であれば、開いても良い。重ねて言うが、開いたからといって、指示したことが変わるということはない。卒業式のしおりは、国歌斉唱の入ったものを明日中に全職員に配布する。

吉田 しおりのことは担当者がしていることであり、関知しない。

私 三月七日（火）午後三時三十分から時間を限って臨時職員会議を行う。

私に国旗・国歌を断念させるために彼らが臨時職員会議を開こうとしていることは、十分にわかっていました。しかし、「質問に答える」ためという条件を付けて彼らの申し入れを受け入れました。そうしないと収まりが付かないと判断したからです。

ところで、Ｂ校の職員会議規定は、問題の多い規定でした。校長を一般の教職員と同等に扱って一票の発言権しか認めず、職員会議の招集権も議長団や運営委員会などに分散していました。規定の改正手続きも酷いものでした。全教職員の三分の二以上が賛成しなければ改正できないことになっていて、校長が改正しようと思っても、教職員の反対があればできないようになっていました。

吉田教諭は、この職員会議規定を持ち出して、「校長が開かないのであれば議長団が臨時職員会議を招集する」などと言ったのです。不遜と言う他はありません。これまでの議論を通して、職員会議規定の問題点にも気付いていましたが、吉田教諭のこのときの発言を聞いて、私は、現行の職員会議規定を改定する必要があることを痛感しました。職員会議は校長の補助機関としての性格があることや職員会議を招集し主宰するのは校長であることを職員会議規定の改定という作業を通して教職員に知らしめなければならないと思いました。

「校長の言葉を録音させろ」

三月四日（土）になっても、島田教諭は昨日の約束を守らず、卒業式のしおりを小・中学部用と高等部用それぞれ一部ずつを提出したに留まり、残りは、教頭と事務長が繰り返し要求しても出しませんでした。

教頭は、私が指示した通り「国歌斉唱」の入った仮のしおりを作って全職員に配布しました。「国歌斉唱」の入らないしおりを教員が配布するのを防ぐために先手を打った措置でした。

一方、分会はこの日、とんでもない行動に出ました。「分会ニュース」に高等部三年保護者の佐藤氏の国旗・国歌反対の投稿文を載せ、その横に「この投稿文に賛同するか賛同しないか」を問う保護者向けの文書を載せて全職員に配布したのです。当然保護者にも配布しています。この保護者向けの文書は、三月七日までに回答するよう求めていました。

三月六日（月）午前八時四十分、「国歌斉唱」を入れないで卒業式のしおりを準備した島田教諭と松下教諭を校長室に呼び、教頭と事務長を同席させて指導しました。話し中に他の職員が校長室に入ってこないように、校長室のドアに内側から施錠しました。管理職から二人が指導を受けている姿を見られることのないように、彼らの名誉を守るための配慮でした。

二人は頑強に抵抗し大変でした。その概要は次の通りです。

私　式次第に「国歌斉唱」を入れないで式のしおりを印刷したのは、二月十六日の職員会議で私が指示したこと及び二月十九日の文書による指示に従わない行為であり、許されません。印刷したものを全て提出してください。

島田　明日臨時職員会議が開かれることになっているので、その結果が出るまで待ってください。

私　それはできません。あなたがしたことは、私の指示に明白に違反することであり、服務義務違反の行為です。二月の職員会議でも説明しましたが、校長が職務遂行に関わって職員に対して行った指示は、「……してください」と言おうと「……をお願いします」と言おうと、全て職務命令です。あなたの行為は職務命令違反です。今すぐ、印刷したものを持ってきてください。明日の職員会議は、前回の職員会議において私が最終判断した内容を変更するためのものではなく、職員の質問に答えるためのものです。私は指示したことを変えるつもりはありません。明日の職員会議の結果が出るまで待てというのは、道理がありません。

島田　（無言）

私　印刷したものはどこに置いているのですか。それは学校の公費で購入した用紙に印刷したものであり、あなたの私物ではありません。すぐに持ってきてください。

島田　（無言）

私　あなたは卒業式委員会の委員長としての立場から、職員会議の決定に基づいて「国歌斉唱」を入れないでしおりを印刷した。その気持ちはそれとしてわかるが、行為そのものは間違っています。保護者に配布していない今のうちであれば、それ以上の責任は追及しません。今すぐに印刷物を持ってきてください。これは職務命令です。

島田　（無言）

私　島田さん、高等部のしおりはあなたが印刷したのですか。印刷物はどこに置いていますか。

（このような調子で、時間だけがいたずらに過ぎました。時計を見て島田教諭と松下教諭は、校長室を出て行く気配を見せました）

教頭　校長の指示に従うか、従わないか、はっきりしなさい。返すのか返さないのかはっきりと返答しないで行ってはいけません。

（しばらく沈黙が続いた後、島田教諭が口を開きました）

島田　明日の職員会議で、今校長が私たちに言われたことを皆さんに言ってください。それまで待ってください。

私　同じことを何度も言わせないでください。今私が言ったことは、これまで一貫して言ってきたことです。職員は校長の指示に従わなければなりません。明日の職員会議とこれとは関係がありません。今すぐ印刷物を提出してください。

島田　（無言）

午前九時半頃、二人は「授業がありますから」と言って校長室を出て行きました。

午後三時二十八分頃、二人がラジカセを持って校長室にやって来ました。

松下　今朝校長が言われたことを、録音させてください。

私　何のための録音ですか。

島田　職員会議の決定に基づいて行動しているので、私としては困るのです。

私　何を言っているのです。今朝私が言ったことは、これまで一貫して言ってきたことであり、はじめて言ったものではありません。職員会議でも何度も言っています。録音などする必要はありません。

教頭　自分たちがしていることがおかしいことに気がつきませんか。同じ学校の中の校長と職員の関係において、校長の言ったことを何故録音しなければならないのですか。

島田　それでは、明日の職員会議で、今朝校長が言われたことと同じことを皆の前で言ってください。お願いします。

運営委員会の開会時刻が迫っていたので、その場はそれで終わりましたが、二人の女性教諭は、大まじめにこのような異常な行動をしたのでした。

「分会ニュース」に載った「佐藤氏の投稿文」は、実は佐藤氏が直接書いたものではなく、誰か（たぶん組合が準備したものと思われます）が書いたものに佐藤氏の名前を付けただけのものであることが判明しました。教頭が入手した他校の「分会ニュース」にも同じ文章が他の人の名前で載っていたことから、このことがわかりました。組合の欺瞞性を示す一事です。ちなみに、

「佐藤氏」とは、私に国旗・国歌反対の申し入れに来たあの佐藤氏です。分会からの要請を受けて、名義だけを貸したのだと思われます。

この日の運営委員会で、私は、翌日の臨時職員会議について次のように説明しました。

三月三日（金）に議長団（四名）から、卒業式の国旗・国歌の問題に関連して臨時職員会議を開いてほしいとの申し出があった。理由を尋ねると次の二点だった。

① 二月の職員会議における採決の結果と校長の最終判断に基づく指示との開きが大きく、職員が不安になっている。

② このままでは、卒業式が混乱することが予想される。

この理由では臨時の職員会議を招集することはできないが、卒業式を実際に行うにあたって質問したい新たな問題があるのでどうしても開いて貰いたいということであったので、質問に答えるための職員会議を開くことにした。二月の職員会議で私が指示したこと、二月十七日付けの文書で指示したことを変えるための会議ではない。

この発言を聞いて、吉田教諭（分会長）がまたとんでもないことを言い始めました。

吉田　今校長は、校長が臨時職員会議を開くことを認めたような言い方をしたが、職員会議規定によれば、議長が招集できることになっている。だから、我々は、臨時職員会議の招集を校長にお願いしたのではない。校長が会議に出席しようと欠席しようと、会議は我々が招集すると言ったのだ。

私　職員会議は校長が招集し主宰するものだ。校長が認めなければ職員会議は成立しない。本校の職員会議規定には問題がある。

吉田　それであれば、職員会議規定の改正案を提出して職員会議に諮ったらいいではないか。

私　そういう問題ではない。基本的な捉え方の問題だ。

吉田教諭は、校長の権限をなんとしてでも押さえ込み、職員会議の多数決で私の指示をひっくり返そうとしていました。そのため、B校の職員会議規定をまたも持ち出して、職員会議は校長ではなく議長が招集したのだと言い張ったのです。その上、全職員の三分の二以上が賛成しないと改正できない規定になっていることを笠に着て、「職員会議規定に問題があるのなら改正案を提出せよ」とまで言ったのでした。

校長に改正案を提出せよなどと言うこと自体が、そもそも道理がわかっていない証拠ですが、彼は、校長が改正案を出しても通るはずがないと高を括っていたのです。

吉田教諭をはじめとする議長団の横暴はさらに続きました。彼らは、「卒業式についての議長団の見解及びアピール」なる文書を準備し、明日の臨時職員会議に諮ると言い出しました。その

「アピール（案）」には次のように書かれていました。

卒業式は児童・生徒が主役である。新たな学部へ進学する子ども達、本校を巣立つ子ども達が「卒業してよかった」と感じることができ、全職員が「子どもを送り出してよかった」と思える卒業式を、互いの立場を乗り越えて作り上げよう。

私は、見過ごしにできないと思いました。

私　この「アピール」は何故必要なのか。趣旨は何か。

吉田　趣旨はそこに書いてある通りだ。

私　ここに書いてある趣旨であれば、ことさらアピールを出すまでもない。「アピール」の内容は言わずもがなのことである。昨年も議長団が職員会議でいきなり校長批判のアピールを出した。その問題点については「国旗・国歌Q＆AⅡ」に詳しく書いてあるのでもう一度読んでもらいたい。このたびのこの「アピール」も昨年の「アピール」と根が同じではないか。文字としては書かれていないが、行間から滲み出てくるものに不純なものを感じる。このようなアピールを出す必要はない。

吉田　議長団が必要だと思って出すのだから、問題はない。

私　議長というのは、校務分掌の一つであり、校長の職務命令によって担当しているものだ。学校運営に関わるアピールを校長の了解も得ずに出すことは間違っている。認めることはできない。

吉田　校長が認めなくても出す。明日の職員会議に諮る。

こんな有様でした。彼らの認識がどのようなものであるか、よくわかると思います。教員としての謙虚さも教育公務員としての自覚も全くありません。傲岸不遜そのものの姿です。その無礼なねちっこさは収まりません。この日の晩の九時二十分頃、彼は私の自宅に電話をかけてきました。

吉田　高等部三年の保護者の佐藤さんが、卒業式のことで校長と話し合いをしたいとおっしゃっています。私も行きがかり上仲立ちとして同席させてもらいたい。

私　あなたは、またそのようなことを画策してるのか。昨年もそうだったが、そのような汚いまねはやめなさい。

吉田　何のことでしょうか。分会ニュースに書きますよ。

私　自分のしていることは自分でわかるはずだ。胸に手を当ててよく考えてみなさい。職員としてしてはいけないことをあなたはしている。佐藤さんとは、昨年三時間以上も話し合った。私としては話し合うつもりはない。

吉田 卒業予定生の保護者の話し合いの申し入れを断るのですか。分会ニュースに書かせてもらう。

私 保護者ご本人から申し出があるのならともかく、あなたが言うことではない。あなたは信義を平気で裏切るような人だから、信用できない。

吉田 どういうことだ。分会ニュースに書かせてもらう。

私 何を言っているのか。自分の胸に手を当ててよく考えてみなさい。

吉田 三月九日に腹を割って話し合いたい。

私 あなたとこの問題で話し合うつもりはない。もう十分に話し合った。

吉田 佐藤さんは、三月八日の午前……。

私 電話を切りますよ。切ります。

私は、一方的に電話を切り、留守番電話に切り替えました。吉田教諭はすぐにかけてきました。留守番電話であることを知ると、「あっ、留守電にしてる！」と叫んでいました。その声の他にもう一人の男性の声も入っていました。他の分会役員と一緒だったのでしょう。

私はすぐに、ＰＴＡ会長と副会長に電話して、吉田教諭のこのような行動を報告しました。

翌三月七日（火）、登校する児童・生徒を迎えるため、スクールバスの到着を待っているとき、吉田教諭と顔を合わせました。彼は私の顔を見るなり、昨晩の電話のことを言い出しました。

吉田　明日八日の校長の都合を聞きたかったので、昨晩電話をした。佐藤さんが校長に話をしたいと。

私　昨年もそうだったが、学校の方針と異なる考えで画策して保護者を動かすようなことはやめなさい。教育公務員としてしてはいけないことをあなたはしている。このことは、何度も言ったはずだ。信義をまもらなかったり謀略行為を平気でするような人は信用できない。

吉田　何があかんのや。「汚い」とか「信用できない」とか、失礼やないか。「分会ニュース」に書くぞ。いや、もう書かせてもらった。

彼は、以前からそうですが、このときもさかんに「分会ニュース」に書くぞと言いました。私を脅しているつもりなのかもしれません。数を頼んで私を追い詰めようとする肚が見え見えでした。

この日午前中に、保護者の山下氏、西川氏、田沢氏、近藤氏と懇談し、吉田教諭や分会の動きについて報告するとともに、学校の方針を改めて説明して、理解と協力をお願いしました。

大荒れの臨時職員会議

午後の臨時職員会議では、「質問に答えるため」という条件で招集したにもかかわらず、教職員は言を弄して私を責めてきました。「国歌斉唱」を入れないでしおりを作った島田教諭は、ウソまでついて私を責めました。

黒木 二月の職員会議の採決結果と校長の最終判断による指示及び二月十九日の文書による校長の指示の間に開きがあって、①このままでは卒業式が混乱する②子どもが主人公の観点に立って対応すべきである③皆の委任を受けて議長団を構成している。議長として公平・公正に行司役を務めたい④皆の意思がまとまっていくような、納得できる卒業式にしたい⑤保護者・子どもたちや地域の人たちに報告する義務が我々にはある、このような観点から臨時職員会議を開くことにした。会議の終わりに議長団として「アピール」を提案したい。

私 三月三日に、議長団から卒業式に関して臨時職員会議を開きたいと申し入れがあった。その理由を聞くと、二月の職員会議の採決結果と私が指示したことに開きがあり、職員が不安がっている、このままでは式が混乱することが懸念される、ということであった。私は、すでに結論の出ている問題についてそのような理由では臨時職員会議は招集できない、と答えたが、実際に卒業式を実施するについて、新たに校長に質問したいことがあるので開きたい、ということであったので開催することにした。今日の臨時職員会議は、前回の職員会議及び二月十七日付け文書で指示した内容を変えるものではない。あくまでも質問に答える趣旨のものである。式当日の具体的な部分について説明すると、次の通りである。

司会：「はじめの言葉。全員起立」
教頭：「（開式の言葉を述べる）」
司会：「着席」「国歌斉唱・起立できる方はご起立ください」
放送：（歌声入りの国歌を流す。皆で斉唱する）
司会：「ご着席ください」

国歌斉唱のときに、「起立できる方はご起立ください」と言うことにしたのは、生徒を指導する必要から起立できない職員もいることに配慮したものである。

ところで議長団の「保護者・子どもたちや地域の人たちに報告する義務がある」という問題提起について触れておきたい。情報公開の時代でもあり、学校の取組を開かれたものにすることが必要であるという意味において、議長団の指摘はその通りである。

だが、校長が示した学校の方針と異なるものを職員が外に向かって発信することは許されない。国旗・国歌の指導に関して、私が指示したことに反対する意図をもって保護者や外部に働きかけるようなことがあってはならない。このことは平成十年度の話し合いでも指摘したし、本年度の四月に配布した総括文でも触れている。残念ながら、一部にそのような動きがあるが、やめてもらいたい。

担当者の島田先生が「国歌斉唱」を入れないで卒業式のしおりを作成し印刷した行為は、職員としてしてはいけないことであり、直ちに印刷物を返却していただきたい。

島田 担当者としてというよりは、個人として言わせてもらうと、卒業式以外のことで拘束され、子どもたちが登校しているのに子どもの所に行かせてもらえませんでした。「行ってはいけない」と管理職に言われ、鍵をかけられた部屋に拘束されました。（鍵は内側からかけてあり、出ようと思えば簡単に外せるようになっていました。島田教諭は全く誤解をしていたのです。——筆者注）。

私 何故そのようなウソを言うのか。三月三日に「国歌斉唱」を入れないで卒業式のしおりを印刷したことがわかったので、教頭があなたに返却するよう求めたところ、ロッカーに入っていて出せない。鍵は他の人が持って帰ったので開けられないとあなたは言った。それでは明日一番に全部持ってきてくださいと教頭が言ってあなたも約束したにもかかわらず、次の日、あなたは約束を破り一部しか提出しなかった。そこで、教頭が、全部の返却を求めたが、あなたは、「全部とは聞いていない」などと言って聞かなかった。

三月四日、出張から帰った私は、教頭から報告を受けたので、直接事情を聞こうとあなたを捜したが見つからず、昨日の三月六日の午前八時四十五分、校長室で教頭・事務長同席の上であなたから事情を聞いた。あなたが私の指示を受け入れずに「国歌斉唱」を入れないしおりを印刷したことについて、私は、気持ちはわかるが行為そのものは間違っていると指摘し、すぐに返却するよう要請した。しかし、あなたは、黙ったまま答えなかった。

時間だけが無駄に過ぎ、子どもたちが登校する時刻になった。あなたが行こうとしたので、「返すのか返さないのかはっきりと返答しないで行ってはいけません」と教頭が言ったのです。

松下 何も答えなかったというのは間違いです。「明日の臨時職員会議で校長からしおりを返却してほしいということを皆の前で言ってください。そうすれば返します」と答えました。

私 確かにそうだが、私は言ったはずです。「明日の臨時職員会議は、前回の職員会議や文書で私が指示した内容を変えるためのものではないので、明日の職員会議のあとで返すというのは筋が通らない」と。

下田 国旗・国歌は個人の思想・信条に関わるものだ。「職務である」には納得できない。内心の自由に踏み込むものだ。イヤと言う保護者にはどう対応するのか。保護者に説明はしないでよいのか。子どもの内心の自由に踏み込まないことが大切だ。昨年のPTA副会長の不規則発言を校長は正当なものだと言うのか。子どもがどのような意思を持っているのかをどのようにして知るのか。保護者が立ってほしくないと思っていても立たせるのか。

私

国旗・国歌の指導は、学習指導要領に基づいて行うもので、教員の職務である。職務として行うことは教員の思想・信条とは関係がない。内心の自由を侵すものでもない。保護者は、国歌斉唱のときに起立するもしないも自由であるが、教員は違う。教員は国旗・国歌を指導することが義務づけられている立場である。当然起立をして斉唱すべきものである。ＰＴＡ役員会や実行委員会で折りに触れて校長としての方針を説明し、疑問や意見に対しては校長として対応することを明確にしてきた。

現在のところ、保護者からは、「校長の方針に賛成である。国旗・国歌の指導をしっかりとやってもらいたい」との意見をいただいている。昨年のＰＴＡ副会長の発言は不規則発言ではなく、会長が欠席のため代読をされたあと、ご自分の考えを述べられたものであり、挨拶の一部である。あの後、副会長の発言は校長の責任だと追及されたが、言いがかりに近いものだ。一人の大人が自分の判断で発言するのを、校長だからといって「弁士中止」などと制止できるはずがない。

指導することが決まっていることを指導するについて、いちいち子どもや保護者の了解を取るようなことをしないのが普通だ。国旗・国歌の指導は学習指導要領に基づいて行うものであり、子どもや保護者の了解を得なければならないものではない。どの国の国旗・国歌であれ、国旗を掲揚し国歌を斉唱するときには起立をするのが国際社会のマナーであり、教員はその観点に立って対応することが必要である。

栗田　国旗・国歌の問題は、国民の間で鋭く対立しているものであり、学習指導要領に定められているからといって教科・科目の取り扱いとは基本的に異なる。校長と我々の認識には大きなずれがある。日の丸を掲揚し君が代を斉唱することを行えば、一方の価値観を他に強要することになる。教員が職務として行うときは思想・信条とは関わりがないと言うのはおかしい。

私　公務員の職務は、職員の思想・信条に基づいて行うものではない。職務とあらば、たとえ自分の思想・信条と合わなくても遂行しなければならないものである。公務員の職務の中には死刑執行というものもある。一般的に言って、人の命を奪うことを思想・信条としている人はいないはずであるが、その役割にある職員は、職務として死刑執行のボタンを押さなければならない。どうしてもイヤだというのであれば、その人は職を辞する他ない。公務員の身分のまま、その職務を拒否することはできないのである。

国旗・国歌の指導が思想・信条に照らしてできないということで職を辞した教頭のことが朝日新聞の天声人語に載っていた。一つの良識であると思う。思想・信条の自由といっても、公務員は、職務上及び身分上の制約のもとに置かれており、その中での自由である。職務がどうしても自分の思想・信条に合わないからできないというのであれば、職を辞する他はない。

横井　昨年度は最終段階で校長は譲歩し、国歌斉唱を式次第から外した。今年度は国歌斉唱を式

私　次第に入れると言う。昨年度と本年度と状況がどう違うのか。

昨年度は、職員会議で国歌斉唱を式次第に入れるようお願いしたにもかかわらず、卒業式委員会は入れないで職員会議に提案した。何故入れないのかを問うと、「卒業式委員会に管理職が出席して言わなかったからだ」という趣旨の発言があった。それ自体おかしなことだが、卒業式委員会が検討して提案したことを尊重し、私ははじめから譲歩して式次第には入れず、開式の前に国歌の曲だけを流すことで行うようお願いした。

ところが、議論の最終段階で、「国歌を流すなら生徒を式場に入れない」とか「子どもがパニックを起こして動き回っても知らない」などといったことを言う職員が出たこともあり、混乱を避けるために譲歩せざるを得ない心境になった。昨年度の卒業式を経験し、混乱は起こらないと確信するに至ったので、本年度はあるべき本来の形に戻すことにし、卒業式委員会に教頭に出席してもらって、式次第に国歌斉唱を入れるよう正式に要請した。

野口　君が代の「君」が「天皇」を表していることに恐怖を感じる。上から強圧的に強いられることに不安がある。右翼が日の丸を掲げ君が代をがなり立てている姿が重なってくる。

私　私が「国旗・国歌の指導も民主教育の一環として行ってほしい」と言っている意味をもう一度考えていただきたい。戦前の時代への反省から戦後は始まっている。民主憲法を制定し、憲法の理想の実現は教育の力にまつべきものであるとして教育基本法を定め、各教育法令等を整備して戦後の教育は進められてきた。国旗・国歌の指導は、まさに民主的な社会の形成者を育成するための基礎基本として大切な教育課題なのである。国旗を一部の人たちの旗にしておいてよいのか、国歌を一部の人たちの歌にしておいてよいのか、現状を正しい形に変えていくためにも、国旗・国歌について正しい認識を育てることが大切である。

香川　国旗・国歌に対してアレルギーを感じない者もいるし感じる者もいる。私は少しも感じない。以前に勤めていた学校でも国旗を掲揚し国歌を斉唱していた。価値観が違う問題を皆が合意し納得するまで話し合うことなどできはしない。実際に国歌斉唱を行うについての妥協点を話し合ったらどうか。

私　教員は本来国歌斉唱のときには全員起立をして歌うのが当然の姿であるが、「起立できる方はご起立ください」と言うことにした。生徒指導上立つことができない人もいるだろうという便宜を図ってのことだ。

川下　誰にとっても良い卒業式にしたい。イヤな歌はたとえ短くても長く感じる。

私　主観だけでものを言ってはいけない。

新田　校長は「処分しない」と言っているので、自分は国歌斉唱のときに退場したい。講師の立場は弱い。立つ立たないで任用に影響するようなことがあってはならない。この職員会議後に講師だけを集めて校長が話をするとのことだが、管理強化をして、国旗・国歌を強制するようなことがあってはならない。

私　正確を期するために新田さんが言ったことを訂正するが、私は、「処分しない」などと言ってはいない。「これは職務命令だ、やりなさい。聞かなければ処分する」などというような気持ちで国旗・国歌の指導を皆さんにお願いしてきたのではないという趣旨である。講師の先生方を集めるのは、来年度の任用に関わる事務手続等を説明するためであって、国旗・国歌とは全く関係ない。

清水　君が代のときに、立たすことも立たさないこともできない。保護者に伺いをたてて行えばというのが学年会の結論である。起立を促すのはやめてほしい。

私　何度も言うが、国旗を掲揚し国歌を斉唱するときには起立をするのが国際社会のマナーであり、そのことを教えることも大切な教育課題である。起立を求めないなどということは受け入れられない。

田宮　校長の話には先ず法律があり、そして教育があって、子どもの姿が少しも見えてこない。前任校の石本校長は、国旗・国歌について生徒と何時間も話し合って教育論議を交わされた。茶話会の中で校長は、「若者の個性輝け」と励ましの言葉をかけた。生徒たちは校長を拍手で送った。本校の校長には、そのような教育者としての姿勢がない。

私　石本校長先生はとても立派な方であり、私も尊敬している。私はあの校長先生の足下にも及ばないが、日々の勤めをしっかりと行うことで少しでも近づきたいと思っている。国旗・国歌の指導に関して言えば、私ははじめから法律論を持ち出したのではない。
　平成十年度の四月にはじめて国旗・国歌の指導を皆さんにお願いしたとき、私は、何故それが必要なのか、何故大切な教育課題なのかについて述べた。ところが、議論のなかで、学習指導要領の法的根拠や教育課程の編成権、校長の職務権限、職員会議の法的性格などの問題が指摘され、法律のことを言わざるを得なくなった。私は自分の主張をするとき、必ずその根拠を明らかにしているが、その必要上どうしても法律に触れざるを得なかったのである。

松下　精神的に不安定な生徒がいる。国歌斉唱で混乱する恐れがある。愛国心とか国際社会で生きていく基礎基本よりも、この子にとっては自分や友だちを愛するというようなもっと身近なことを身につけさせることが大切である。子どもが主人公の卒業式にしたい。

私　自分や友だちを愛することと国を愛することとは二律背反するものではなく、統一的に捉えるべきものである。学校教育の中で統一的に教えることが必要だ。学習指導要領で教えることが定められていることを、教員が「必要ない」と勝手に判断して教えないのは学習主体である子どもの学ぶ権利を侵害するものである。

小村　混乱のない卒業式にしたい。卒業式のために時間をかけて指導し、練習してきた。指導も練習もしていない君が代を流せば子どもたちが混乱する。やめてほしい。先代先々代の校長は君が代のことなど出さなかった。子どもたちのことを考えてくださっていた。校長が替わった途端にするというのはおかしい。昨年度は「子どもを式場に入れない」などと言った教員がいたから混乱を避けるために譲歩したと校長は言っているが、我々が本当にそんなことをすると思っていたのか。職員を信頼していない証拠だ。

私 誰も混乱を望んではいない。四月から「日常の教育活動の中で国旗・国歌について指導していただきたい」と私は言ってきた。卒業式の練習でも指導してくださいとお願いし、君が代のテープも配布した。にもかかわらず指導をしないでおいて、そのことを理由に「やめてほしい」などというのは、筋が通らない。

後藤 司会を担当する者として発言したい。国旗・国歌の法制化のときに現れた「強制反対」の国民感情に配慮すべきである。高等学校でもいろいろ工夫してやっているではないか。何故本校で君が代を斉唱しなければならないのか。校長の裁量でどうにでもなるではないか。

私 自国の国旗・国歌だけでなくよその国の国旗・国歌も大切にすることを教えることや、国旗を掲揚し国歌を斉唱するときには起立をするというマナーを教えることなどが大切な教育課題であるからこそ、どの子どもにも指導することが学習指導要領に定められているのだ。学習指導要領で指導することが義務づけられていることを、校長の裁量でやめるのは適正でない。当然行わなければならないものである。

西岡 君が代を斉唱すれば混乱は必至である。卒業式は学習指導要領を実施するためにあるのではない。国旗・国歌法には義務規定が何もない。学習指導要領に国旗・国歌のことが規定されてから何年にもなるが、これまで実施されてこなかった。学習指導要領に問題があったから実施されずにきたのだ。校長は考え直してほしい。本校の子どもたちに君が代斉唱は相応しくない。

私　国歌斉唱で混乱が起こるというのであれば、混乱が起こらないように指導し、練習することが必要である。教員は教育の専門家なのだから、知恵を出し、工夫をして混乱が起こらないようにすることが大切だ。それをしないで、混乱が起こるからやめろと言うのは筋が通らない。教員が勝手に「相応しくない」などと言って指導しないのは許されないことである。

吉岡　混乱のない卒業式にしてほしい。形となって現れる混乱だけでなく、心の中の問題もある。

私　すでに何度も答えているので、繰り返さない。

川村　このようなやり方で今後もやったら、卒業学年を担当する者がいなくなる。校長は配慮が足りないのではないか。溝を埋める努力を校長はしてこなかった。司会者に「国歌斉唱」を言わせたり音響係に君が代の曲を流させたりするのは、職務命令なのか。管理職がやる気持ちはないか。

私　これまで十分に時間をかけて話し合ってきた。配慮が足りないとか溝を埋める努力をしなかったという批判は当たらない。「職務命令か」と聞かれれば「職務命令です」としか答えようがない。「職務命令」というものは、言った方も聞いた方も責任が伴うものだ。職務命令に違反する行為があれば、当然処分という問題がつきまとう。学校は良識の府であり、「職務命令だ、やりなさい」と言われなければ職務を遂行できないようでは困る。

畑中　子どもの内心の自由はどうなるのか。「起立できる人はご起立ください」ということについて、保護者にも前もって説明すべきだ。それができない状況なので、やめてほしい。

私　繰り返しの回答は避けたい。国旗を掲揚し国歌を斉唱するときに起立をするのは、本来の形だ。「起立できる人はご起立ください」について保護者に説明する必要はない。

井藤　三十年やってこなかったことを、わずか二年ほどの議論で「議論は出尽くした」と言って強行するのはよくない。

私　議論を通じて提起された問題や疑問にはことごとく答えてきた。皆さんは有効な反論ができないのに反対の姿勢を変えない。これでは双方の合意は生まれないしいくら議論しても際限がない。最終的に私が指示したことに従って職務を遂行していただきたい。

卒業式を間近に控えて彼らも焦りがあったのか、これまで発言しなかった教員も発言して、私に国旗・国歌を断念するよう迫りました。しかし、私は退きませんでした。昨年度の失敗は二度としてはならないと強く戒めていました。

この議論のあと、議長団は「アピール」採択の提案をしました。私は、このアピールの趣旨に異議を唱え、三月六日の運営委員会で述べたことと同様のことを述べて、「出すべきではない」と言いましたが、教職員は聞く耳を持ちませんでした。やむを得ず私は、「採択されても、校長としては認められない。このアピールに私は拘束されない」と言明しましたが、彼らはお構いなしに拍手でアピールを採択しました。

あの佐藤氏から面談の申し入れ

三月八日（水）午前八時四十分頃、保護者の佐藤氏（分会と連携しているあの佐藤氏です）から電話があり、「午前十一時頃に伺いたい」と面談の申し入れがありました。吉田分会長の働きかけに応えた行動であることは明白でした。

そんなとき、教職員からとんでもない声が上がり始めたのです。

「卒業式を欠席したい」

この日、小学部の職員朝礼に出向いたところ、教員から私に対する不満の声が上がりました。概要は次の通りです。

西井　昨日の職員会議でも結論は出ていない。校長が自分の考えを一方的に押しつけたものであり、納得できない。このままでは混乱は避けられない。自分としては卒業式を欠席したい

私　くらいの気持ちだ。皆が納得できるようもっと話し合いをしてほしい。これまでの議論の経過からも明らかなように、この問題は、「皆が納得できる」というのは困難だ。一方的に押しつけたと言うが、そのような論法から言えば、あなたと異なる考えの人にとっては、あなたの考えの通りに事が運べば、逆の押しつけということになる。十分に時間をかけて議論してきたことを踏まえ、私が指示した内容で職務を遂行していただきたい。これは職務なので、「納得できない」気持ちがあっても飲み込んでいただきたい。

さらに、高等部の職員朝礼に出た教頭から、次のようなやり取りがあったと報告がありました。

教頭　卒業式のしおりを保護者に配布してください。
吉井　学年会で諮って決めます。
教頭　校長の指示に従って、配布してください。
吉井　それは職務命令ですか。
教頭　校長は配布するように指示しています。

約束の時間に佐藤氏が吉川氏を伴って来られました。昨年度もこのお二人は国旗・国歌反対の申し入れに来られ、三時間ほど話し合いましたが、怒って帰られた経緯があります。教頭と事務長も同席しました。

佐藤氏 今日は申し入れに来ただけで、返事をもらうつもりはない。(そう言って彼は、国旗・国歌に反対する文書を私に渡しました)。文書の中身のことには触れないでください。国旗・国歌法が制定施行され、学校現場にも締め付けが強められている。校長は、理性をもって良識ある判断をしてもらいたい。

私 国旗・国歌法ができたからといって、学校における対応がこれまでと変わったわけではありません。国旗・国歌の指導は学習指導要領に定められているものであり、これまでも学校においては指導することになっていました。このことは国旗・国歌法の制定施行とは関わりなく今後も同じです。

佐藤氏 国民の反対を押し切って性急に作られた法律であり、法律の運用に当たっては民主主義の観点に立って十分な配慮をお願いしたい。法律や規則等というものによってどうこうということでなく、子どもにとってどうなのかを考え、学校の主体的な判断、自由な裁量でやってもらいたい。

私 公教育としての学校教育は、憲法・教育基本法に基づく教育法令等を踏まえ、その上で学校の裁量を働かせることが必要です。法令等に違反することは裁量できません。学習指導要領は、教育基本法が定める教育の機会均等をどの子どもにも実体として保障するために設けられた国の教育課程基準であり、これを踏まえない教育課程は認められません。国旗・国歌の指導は、大切な教育のテーマであるからこそ、学習指導要領に定められているのです。

佐藤氏 天皇を賛美するような「君が代」を認めることはできない。天皇のため、国のために役立つ人間を作るような教育はしてもらいたくない。子どもたちに国旗や国歌の指導は要らない。

私 天皇と言っても戦前と戦後とでは位置づけが違います。たとえ君が代の「君」が天皇を表しているとしても、日本国憲法第一条に定める天皇を指しているのであり、戦前の価値観で言うのは当たりません。この議論は昨年もあなたとしました。

吉川氏 学校で国旗や国歌を教えてもらいたくない。きな臭い動きに呼応するものだ。

私 「きな臭い動き」とは何を指してのことですか。国旗・国歌の指導は、憲法や教育基本法に基づいて民主教育の一環として行うものです。

佐藤氏 右翼が日の丸を掲げ、君が代をがなり立てているではないか。パチンコ屋の曲になっているではないか。

私 だからこそ、民主的で平和な国家・日本の国旗・国歌として、正しく指導しなければならないのです。日本国民として、胸を張って堂々と国旗を掲げ国歌を歌うことができるようにすることが必要です。

吉川氏 在日韓国朝鮮人のような日の丸や君が代によって嫌な思いをする人たちのことも考え、少数者の痛みに配慮すべきではないか。

私 旗や歌が戦争をしたわけではありません。国旗・国歌に罪はないのです。自国の国旗・国歌を掲揚できない、歌えないような国の状況が正常な在り方だと思いますか。

佐藤氏 君が代の歌詞が悪い。民主国家に合わない。

私 合うも合わないも、我が国には日の丸・君が代以外に国旗・国歌はないのです。もし、君が代が我が国の国歌として相応しくないのであれば、そのような世論が高まって然るべきですが、圧倒的多数の国民が君が代を国歌として認めています。これまで、一度も君が代に代わる歌が国歌として具体的に提案されたことはありません。

佐藤氏 政権党がやるべきことだ。国の責任だ。

私 国民と離れて国があるのではありません。国は国民が作っているのです。政権党の責任や国の責任を言うのであれば、国民としての責任にも言及すべきです。日本は議会制民主主義の国です。国民の意思によって国の形が定まるのです。

吉川氏 とにかく、学校でどのような国民を育てるなどというようなことを考えて教育してほしくない。

私 教育は「国家百年の計」と言われるものです。学校教育そのものをやめろと仰りたいのですか。民主的な国家社会の形成者として必要な基礎基本をしっかりと教えなければなりません。国旗・国歌の指導もその一環です。

佐藤氏　今日は議論をしに来たのではない。申し入れに来たのだ。校長として良識ある判断をしてもらいたい。

私　申し入れの趣旨はわかりました。

またしてもお二人は怒って帰って行かれました。

大挙して押し寄せた教職員

三月九日（木）は高等部卒業式の予行でした。教員が「国歌斉唱」の入ったしおりを保護者に配布することを拒否したので、教頭に式当日に配布するよう指示しました。先日仮のしおりを配布していた教職員にも正式なしおりを配布しました。式場に張り出す式次第も教員は書くのを拒否したため、教頭に書かせました。

司会担当の教員が国歌斉唱に反対して、その部分の司会を拒否したので、教頭に「国歌斉唱。起立できる方はご起立ください。前奏に引き続きご唱和ください」と言わせました。

国歌斉唱に際して、期限付講師は全員起立したものの歌わず、校長、教頭、事務長以外の教職員は、誰も起立せず、斉唱もしませんでした。年配の水田教諭が国歌の曲を流す役を進んで引きいたようです。

受けてくれました。彼は職員会議では一切発言をしませんでしたが、こちらの気持ちは理解して

新田教諭が、「国歌斉唱」の掛け声とともに式場を出て行きました。臨時職員会議で言明したことを実行したものと思われます。彼は平素から少し変わった行動をする傾向があり、管理職には妙に粋がって、皆の前ではことさら反抗的な行動をするので、このときの行為も一つのパフォーマンスだと私は判断しました。本番ではこんなことはしないだろうと楽観していました。

午後五時三十五分頃、高等部三年学年主任の吉井教諭と高等部主事の後藤教諭が校長室に来ました。教頭に要件を聞かせたところ、「今日の予行の反省を踏まえて校長に報告したいことがある。現在学年会議を開いているので、校長の都合を伺いたい」とのことでした。私は、「指示した内容の変更を迫るものであるならば応じることはできない。六時には学校を出なければならない」と回答しましたが、二人は引き下がらず、「どうしても聞いてもらいたい」と校長室に入ってきました。

やむを得ず時間を制限して聞くことにしましたが、要するに国歌斉唱について考え直してほしいというものでした。私は、これまでの議論の経過等を説明し、申し出をきっぱりと断りましたが、午後五時五十五分に学年担当の教員二十数名が校長室に入ろうとしました。教頭が制止しましたが、吉岡、小村、井田の三教諭と後藤教諭が校長室に入り込み、「国歌斉唱について考え直してもらいたい」と私に迫ってきました。講師の米本さんも入ってきて、いきなり床に上靴を履

いたまま正座し、「自分は講師としてこの四月から任用してもらわなくてもいいから、君が代斉唱はやめてください」と手をついて懇願し始めました。

彼は、「講師という立場でもあり、今日の予行では君が代斉唱のときに起立したが、とても苦痛でした。起立を求めないでください」とも言いました。

「国旗を掲揚し、国歌を斉唱するときには起立するのがマナーです。起立することがそんなに苦痛ですか」

聞く私に彼は、即座に「はい」と答えたのでした。

他の三教諭とのやり取りは次のようなものでした。

吉岡　先生方が皆不安がっています。子どもにも混乱があるので、国歌斉唱は思い止まってください。

私　その話は受け入れられません。

小村　生徒が不安がって混乱しているんです。昼の休憩時間に「何で国歌が流れたの?」と聞くんですよ。

私　生徒にきちんと教えてやってください。私は、「平素の教育活動において国旗・国歌の指導をしてください。卒業式の練習でも指導してください」と先生方に言ってきました。国歌のテープも渡しているではありませんか。指導しないでそのようなことを言っても通用しません。

井田　「起立できる方はご起立ください」をもう一段トーンダウンして、起立を求めないようにしてください。

私　臨時職員会議でも説明した通り、本来、国旗を掲揚し国歌を斉唱するときに起立をするのが当然だが、子どもたちの指導上起立できない職員もいることに配慮し、「起立できる方はご起立ください」と言うことにしたのです。この意味を十分に斟酌してもらいたい。

三人は、私の言葉を無視して、「お願いします」と連発し始めました。

私は、「受け入れられない」と突っぱね、「もう学校を出なければならないので」と言って席を起ちました。ドアを開けて廊下に出ると、ドア付近で待機していた学年担当の教員たちが、私に対して口々に、「皆、悩んでいるんですよ」「生徒のことを考えてください」「君が代を聞いて子どもたちが混乱しているんです」「子どもたちが不安がっているんです」「考え直してください」などと的外れなことを言いました。

私は、教員としての自覚を持つことなく、なすべきこともしないで私に方針転換を迫る教員の言い草を聞きたくありませんでした。

「良識ある行動を取ってください」と答えて、私は玄関に向かいました。

「国歌斉唱」の掛け声とともに式場を出ていった新田教諭が私の横に来て、「校長、私に何か言うことはありませんか」と言いました。予行のときに退場したことについて私の反応を探っている様子でしたので、私は、「特にありません。教員として良識ある行動を取ってください」とだけ答えておきました。

生徒も教諭も起立せず

熱に浮かされたような彼らのヒステリックな行動は収まりませんでした。

三月十日（金）、高等部卒業式当日の午前八時三十分頃、校長室のドアをノックする音がしました。来賓が見えたと思って教頭がドアを開けると、高等部三年担任団の数十名が立っていました。そのとき私は他の来賓に応接していましたが、ドア付近に行って、「何の用ですか。今、ご来賓と話をしています」と言うと、「我々の気持ちを聞いてください。国歌斉唱はやめてください」と口々に言い始めました。

「いい加減にしなさい。ご来賓も見えている」

そう言って、私はドアを閉めました。

その直後、今度は分会長の吉田教諭と副分会長の原田教諭がやって来ました。

「申し入れたいことがある」と言って校長室に入ろうとしましたが、教頭に指示して追い返しました。二人は、「考え直してもらうよう、校長に伝えてほしい」と教頭に言って引き揚げたそうです。

午前九時十五分、新田教諭が事務室と校長室との間の通用口に姿を現しました。私に用があって来た風情でしたが、来賓の手前入りづらそうにしていました。私は起って彼の傍へ行きました。そのとき、次のようなやり取りがありました。

新田　昨日、校長は私に対して何も言わなかった。

私　そんなことはありません。「特にありません。教員として良識ある行動を取ってください」と言いました。

新田　「特にありません」とだけ校長は言った。

私　いいえ「教員として良識ある行動を取ってください」と確かに言いました。予行であなたは国歌斉唱のときに退場したが、あれは予行のときの単なるパーフォーマンスだと私は思ったから、あなたの良識を信じて「特にありません」と言ったのです。今日の本番で万一退場するようなことをすれば、教育委員会代表や議会議員、保護者が見ている前でのことであり、私としてはきっちりと教育委員会に報告をしなければなりません。そのようなことのないよう、職員として良識ある行動を取ってください。

これだけの会話でした。要するに彼は、予行では粋がって退場したものの本当は退場などする気はなかったのです。私から「そんなことするな」と言われたから退場しなかったのだというアリバイを作るためにやって来たのでした。

卒業式本番は、混乱なく進行しましたが、国歌斉唱のとき、生徒は全員起立しませんでした。教職員で起立したのは、校長、教頭、事務長、講師数名と二人の養護教諭だけで、教諭は全員起立しませんでした。水田教諭は本番でも音響係を買って出てくれました。新田教諭は、私が思っていた通り、退場しませんでした。

高等部の卒業式が終わってもまだ小学部・中学部の卒業式があります。片時も気を抜くことはできません。

三月十四日（火）は、小学部・中学部卒業式の予行でした。教員は卒業式のしおりの配布も式場に式次第を張り出すことも拒否しました。やむを得ず、教頭に指示をしてしおりを配布し、式次第を張り出しました。

「司会担当の教員が国歌斉唱に反対して、その部分の司会を拒否したので、教頭に「国歌斉唱。起立できる方はご起立ください。前奏に引き続きご唱和ください」と言わせました。

国歌斉唱のとき、小学部六年生は全員が起立しました。予行が終了したあと、清水教諭がわざわざ校長室にやって来て、「小学部では平素から『起立』と言われたらきちんと起つように指導しているために、子どもたちは起ったのです」と説明したのには今更のように驚きました。

言外に「国歌斉唱だから起ったのではありません」と言いたい様子がありありと見えました。

彼女は気立ての良い仕事熱心な教員でしたが、やはり国旗とか国歌のことになるとこのように頑なになるのです。困ったことですが、これがB校の現実でした。

三月十五日（水）、小学部・中学部卒業式本番の日の午前八時三十分頃、また分会役員四名（吉田、岡本、木村、川村の各教諭）が校長室にやって来ました。

「申し入れたいことがある」と言って校長室に入ろうとしましたが、教頭に指示して引き取って貰いました。教頭の報告によると、彼らは次のようなことを言ったということです。

吉田　国歌斉唱を行っていない学校もある。校長に考え直してもらいたい。
岡本　やっていない学校があるわけだから、校長の判断でやめることもできるはずだ。
木村　昨日の予行で子どもたちが不安がっていた。国歌斉唱をやめてもらいたい。

卒業式は混乱なく進行しました。国歌斉唱のとき、小学部六年生は全員起立しました。教職員は、校長、教頭、事務長及び三名の教諭、二名の養護教諭、講師全員が起立しました。国歌を流す役割を引き受けた二名の教諭は起立しませんでした。

やっと平穏裡に卒業式が終わりました。しかし、これで退くような教員たちではありません。私への非難攻撃は手を替え品を替えて続いていきました。

三月二十一日（火）、高等部三年学年担当者有志数名が校長室に来ました。

彼らは、「手紙を書きましたので読んでください。卒業式について自分たちの気持ちが書いてあります。校長先生がこれまで出した文書を十分に読まず、勉強不足だと言われるかもしれません。表現も失礼があるかもしれませんが、読んでください」と言って、封書を差し出しました。彼らは、私と話をする気持ちはなかったようで、私が封書を受け取るとそそくさと部屋を出て行きました。

読んでみると、その内容は余りにも身勝手な主張を重ねたもので、私がこれまで口頭や文書で説明してきたことや回答してきたことを全く踏まえないで一方的に私を非難中傷するものでした。教育公務員としての自覚が全く感じられません。事情を知らない人がこの手紙を読めば、私のことを「何とひどい校長だ」と思うような内容です。教頭、事務長にこの手紙のコピーを渡して対応を検討しました。その結果、とりあえず、明日の職員会議で校長としての見解を明らかにすることにしました。

この日午後二時四十五分、中学部の保護者（母親）が自分の子（生徒）を伴って校長室へ来られました。「三月十五日の卒業式のことで感じたことを話したいので、聞いてください」と事前に電話で申し入れがあったのです。

彼女の話の趣旨は、「君が代斉唱のときに起立したが、本当はイヤだった。立つ人立たない人がいて、それぞれがイヤな思いをするようなことはやめてもらいたい。入学式では君が代の斉唱はしないでもらいたい」というものでした。

私は、学習指導要領に国旗・国歌の指導をすることが定められている理由や指導の意義、国旗・国歌について正しい認識を育てることの重要性などについて説明し、入学式でも式場に国旗を掲揚し国歌を斉唱することを話しました。彼女は納得できない様子でしたが、「話を聞いてもらって少し気持ちが落ち着きました」と言って校長室を出て行きました。彼女は、分会役員から頼まれてやって来たことがあとでわかりました。

「校長からねぎらいの言葉もない」

三月二十二日（水）、職員会議で継続審議になっていた平成十二年度入学式の国旗・国歌の取り扱いについて議論を行いました。

西井　入学式は学校にはじめて来る晴れの場であるので、温かい気持ちで迎えたい。混乱を防ぐため、校長先生に最大限の配慮をお願いしたい。

岡本　校長は、国旗・国歌の指導は教員の職務だと言う。国歌斉唱のときに起立するのも職務であり、教員の思想・信条とは関わりがないとも言う。校長は我々に「ロボットになれ」と言うのか。九州では国歌斉唱のときに着席している教員に教頭が「処分覚悟か」と迫り、転勤させられたというニュースがある。横浜ではチェック表が校長会で配布され、教員の動きが報告されたとも聞く。行き着く先はそうなる。そうなってしまったら、学校は学校でなくなってしまう。入学式では入学式委員会の原案通りやってもらいたい。

木村　校長の判断が、卒業式においてどのような結末をもたらしたか、反省してもらいたい。授業は子どもの実態に即したものでなければならない。高等部三年学年担任の文書に全く同感である。校長の独断専決では、子どもたちの笑顔が輝く学校にはならないという指摘は、その通りである。子、親、職員の思いがどこにあるかを考えて、校長は判断すべきである。この間卒業した中学部の生徒の保護者から感想を聞いている。その保護者は、国歌斉唱のときに起立したが、本当は立ちたくなかった。とてもつらい思いをしたと言っておられた。親に辛い思いをさせる校長の判断は間違っている。主権者の気持ちを考えて学校運営をすべきだ。校長のしていることは、子どもを学習指導要領に合わせようとするものだ。

私　今、皆さんが発言したような内容、理由で、入学式の国旗掲揚、国歌斉唱をやめるわけにはいかない。高等部三年学年担当者有志の私への手紙の内容を評価する意見が出たが、あの手紙は、率直に言って「よくもまあ、こんなことが書けるものだ」とあきれる内容だ。とても受け入れられるものではない。

あの手紙は、これまでの議論の内容やその経過及び私が配布してきた文書の内容を全く踏まえず、自分たちの主義・主張や思いだけで書かれたものである。教員としてなすべきことについての自覚や責任感が欠如している。

吉岡　「起立できる方はご起立ください」という掛け声は、子どもたちが聞いたこともないものであり、混乱の元である。起立を求めないでもらいたい。

私　「起立できる方はご起立ください」については、三月七日の臨時職員会議で説明している。子どもたちに説明する時間はあったはずである。

島田　校長にお願いしたいことがある。卒業式の担当者としてとても辛く大変だった。校長は、卒業式の翌日、職員朝礼で卒業式の担当者にねぎらいの言葉をかけなかった。子どもへの愛情表現を豊かにしていただきたい。

花田　校長は職員との話し合いを拒否しているのではないか。民主教育の一環として国旗・国歌の指導をせよと言うが、入学式や卒業式で国旗・国歌を行うのも民主教育の一環なのか。教育現場に持ち込まれた経過を考えればよくわかるではないか。起立を求められて起立するのかしないのかの問題は、踏み絵とどう違うのか。

家塚　校長は国際社会において国籍不明者は通用しないと言うが、そんなことはない。海外で暮らした経験があるが、個人と個人のつきあいであった。国家を背負っているのではない。

私　「話し合いを拒否している」と言うが、私は必要な話し合いは一度も拒否していない。だからこそ臨時職員会議も開いたのである。学習指導要領に国旗・国歌の指導が規定されたのは、国際社会で生きる日本人の育成にとって大切なことであるからである。憲法・教育基本法をはじめとする教育法令等を踏まえ、民主教育の一環として国旗・国歌の指導をすることが大切である。国旗を掲揚し国歌を斉唱するときに起立するのは当然のマナーであり、そのことを教えることも大切な教育課題である。起立することを踏み絵にたとえるのは的外れである。家塚さんは、個人と個人のつきあいだと言うが、パスポートがなければ外国に行くことさえできないではないか。

議論に新味は全くありません。同じことの繰り返しです。先生たちは相変わらず、これまでの議論を少しも踏まえず好き勝手を言っています。島田教諭は、卒業式のあとで私がねぎらいの言葉をかけなかったと非難していますが、これは彼女の思い上がった気分を証明していると言えるのではないでしょうか。彼女は、「国歌斉唱」を抜いたしおりを勝手に作り、徹底的に抵抗をしたあの教員です。教員としての自覚も謙虚さも全くうかがえない発言で、私はとても残念に思いました。

さらに「高等部三学年担任の文書に全く同感である」という木村教諭の発言を聞いて、私は彼らが持ってきた「手紙」が、全教職員にも配布されていることを知りました。「手紙です」と封書を受け取ったので、てっきり「親書」だと思っていました。私には一言の断りもなく、私を非難中傷する「手紙」を全教職員に配るなどということは、私の常識ではとても理解できないことでした。

議長は議論の終結を宣言しました。私は、次のことを指示しました。

① 入学式委員会が出した入学式実施計画に記載されている「『日の丸』については、掲揚し

ない」の文言を削除する。
② 入学式当日、国旗は式場壇上に三脚で掲揚する。
③ 入学式当日、式次第の中の「はじめの言葉」の次に「国歌斉唱」を入れて斉唱する。

この私の指示に吉田教諭（分会長）が噛みつきました。相変わらず壊れたレコードのように同じことを繰り返しています。

吉田　それは、指示か、職務命令か。
私　指示であり、法的には職務命令としての性格を有する。
吉田　はっきりと「職務命令だ」と言ったらよいではないか。
私　これまで何度も説明している。同じことを何回も言わせないでもらいたい。「お願いします」と言おうと「してください」と言おうと、校長が職務遂行に関わって職員に指示したことは、当然職務命令だ。

三月二十七日（月）、高等部三年担任有志の「手紙」への対応について、教頭、事務長を交えて検討しました。その結果、平成十二年度当初の所信表明の中にこの問題を入れるとともに、本年度の総括として文書にまとめて配布することにしました。

第五章　相も変わらず懲りない面々

読むに堪えない「アンケートまとめ」

四月三日（月）、臨時校長会が招集され、入学式の国旗・国歌の取り扱いについて重ねて指示がありました。

四月五日（水）、職員会議で「国旗・国歌の取組について（総括とお願い）」を全職員に配布しました。これは、高等部三年担任有志の私への「手紙」の問題点を指摘し、教員としての自覚を持つよう訴えたものです。さらに、年度はじめの職員会議でもあり、私は広範囲にわたって学校運営の所信を述べ、国旗・国歌の問題に関しては、改めて次のことを指示しました。

① 入学式や卒業式において国旗を掲揚し国歌を斉唱することは、学習指導要領に定められた教育行為であることを踏まえ、日常の教育活動において、国旗・国歌についての正しい認識を育てる取組を行う。指導するのは教員の職務である。教員が自分の思想・信条や主義・主張によって国旗・国歌について指導しないのは、職務怠慢ないしは職務放棄であり、許されない。

② 国旗・国歌についての取組を積み上げ、入学式や卒業式において粛々と国旗を掲揚し国歌を斉唱できるようにする。

③ 国旗を掲揚し国歌を斉唱するときには起立をするのが国際社会におけるマナーであることを踏まえ、そのことを子どもたちに正しく指導する。

併せて、七日の入学式については、三月の職員会議で指示した三点をもう一度確認するとともに、次の二点について念を押しました。

① 国歌斉唱のときには全員に起立を求める。
② 役割分担に基づいて職務を遂行する。

これに対して三年目もまた、さっそく教職員から反発の声が上がりました。やり取りは、これまでとほとんど同じです。その議論のあと、教育委員会が入学式へ出席するかどうかについて、次のようなやり取りがありました。

私　入学式には、教育委員会から来賓がお見えになる。
黒木　教育委員会はどんな役割で来るのか。
私　学校の設置者として、入学式の状況を把握するためと入学する児童生徒を祝福するためにである。

午後になって、入学式委員会の西井教諭、横田教諭、進藤教諭、西岡教諭の四名が、お願いがあると言って校長室に来ました。入学式の司会者（横田教諭）に「国歌斉唱」を言わせないでほしいというのが「お願い」の趣旨でした。私は、教育公務員の基本的な在り方について説明しましたが、四人は納得しませんでした。進藤教諭が、「国歌斉唱の入らない式次第を作成して、式場に貼りました」と言ったので、「それは職員としてしてはいけないことです。係として、当然国歌斉唱を入れて式次第を書くべきです」と指導しましたが、従う姿勢を見せませんでした。やむを得ず教頭に対処するよう指示しました。

四月七日（金）は入学式でした。私と教頭、事務長は予め打ち合わせておいた午前七時半に出勤して、入学式の対応について次のような確認を行いました。

① 万一悪質な妨害行為があった場合は、必ず現認する。

② 職員の名や職員会議の名で校長が示した学校の方針と異なる内容のビラを配布するような行為があったら、即座にやめさせる。学校敷地内でのビラ配布は認めない。敷地外であっても、基本的に認められない。

とても残念なことですが、このようなことをいちいち確認しなければならないのが学校の現実なのです。やりきれない思いでした。

入学式は予定通り厳粛な雰囲気の中で行うことができました。国旗は式場壇上に掲揚し、国歌は式次第に入れて、「一同、起立」の掛け声で起立して斉唱しました。

保護者のほとんどが起立して斉唱し、教職員も三十名近くが起立し、斉唱しました。児童生徒も約五分の一ほどが起立しました。司会者（横田教諭）が「国歌斉唱については教頭にお願いしてください」と言って譲らなかったため、やむを得ずその部分だけ教頭に司会をさせました。国歌をテープで流す役割は、年配の水田教諭が快く引き受けてくれました。平成十年度の状況から見れば、これでも大きな変化です。同じことの繰り返しでも倦まず弛まず語りかけてきたことの効果が現れたと私は思いました。

四月十一日（火）の後援会役員会で私は、挨拶の中で卒業式及び入学式において国旗を掲揚し国歌を斉唱することができたことを報告し、お寄せ頂いた理解と協力に感謝の意を述べました。

四月十七日（月）の運営委員会で、卒業式委員会が「申し送り」と「アンケートまとめ」を提示し、これを「十九日の職員会議に諮る」と言いました。国旗・国歌に反対するための言葉が氾濫するひどい内容で、私は即座に、「認めることはできません」と言いましたが、小学部の卒業式委員会委員長の島田教諭は聞き入れず、あくまでも職員会議に諮ると主張しました。

四月十九日（水）の職員会議で、卒業式委員会は、私の指示などどこ吹く風で、「申し送り」と「アンケートまとめ」を職員会議に諮りました。中でも「アンケートまとめ」に書かれていることは、読むに堪えないほどの低劣な内容で、教育公務員としての自覚が全く感じられないものでした。私は、その具体的な表現を取り上げて、次のように苦言を呈しました。

実に酷い内容である。これを書いた人たちの精神は非常に貧しいと言わなければならない。個人として何を感じ何を思うかは全く自由であるが、教育公務員は、職務に関わる言動について責任を負う立場にあることをしっかりと認識してもらいたい。「アンケートまとめ」には次のような表現があった。

「強行した校長の人柄に疑問を感じる」「子どもや教員の気持ちを踏みにじるような対応しかしなかった校長」「弱い立場の人々を踏み絵にかけた行為は、B校三十年以上の歴史の中で最も卑劣なものであった」「子どもの様子をいっさい聞こうとしない校長に、『子どもが主人公』という言葉はあまりにもったいない」「日の丸君が代は残念。人の気持ちのわかる校長になってほしい」「『日の丸』『君が代』は必要ありません」「日の丸が目障りでした」「最後の最後まで校長が頑なで、学年団の申し入れを拒否されたのがとても残念」……。

「卑劣」「卑しい」などという言葉をはじめ、口を極めて所属長である校長の人格を否定ないし傷つけるようなことを言っているが、本当にそう思っているのであれば、堂々と名乗り出て、正当な証拠を示して主張すべきである。職務に関わることについて、教職員が匿名で校長の人格を否定したり傷つけるようなことを公の文書に書くようなことはあってはならない。何よりも二年間の議論を全く踏まえず、私がいろいろと回答したことや説明したことを無視し、自分の主観で主義・主張を繰り返していることに教育公務員として為すべきことについての自覚が少しも見られない。
「アンケートまとめ」には、教員とはとても思えない次のような表現もある。
「教育実践の中身としての式を無視した管理職のやり方を見ていると、卒業証書授与式はなくてよい」「卒業式自体、しなくてもよいと思う」「卒業証書の授与は教室で行い、『つどい』（職員や在校生が卒業生を送るための集い・『送る会』のこと）だけを全体ですればよい」「『式』ではなく、『祝う会』的にしたい。『祝う会』で卒業証書を渡すよう変更すべきだ」……。

校務分掌の一つである卒業式委員会の名で、このようなひどい内容のものを職員会議で配布するのは適正でない。情報公開の時代に相応しい内容が求められる。学校運営をガラス張りにし、情報公開も受け身的に行うのではなく開かれた学校作りの一環として主体的かつ積極的に行うことが求められている。「卒業式委員会からの申し送り」や「アンケートのまとめ」は、情報公開にとても堪えられないものである。「申し送り」の一部を削除するとともに、「アンケートまとめ」は職員の気分や心持ちを知るための資料に留め、職員会議資料から除外する。

私は、「職員会議」そのものについても、職員会議規定と運営委員会規則を改正する方針を明らかにしました。これまで、職員会議の法的性格について何度も説明してきたにもかかわらず、彼らは全く聞く耳を持たず、認識を改めようとしません。本校の職員会議規定や運営委員会規則は、本来の職員会議や運営委員会の性格にそぐわないものであるのは明らかで、学校教育法施行規則や学校管理運営規則が改正された趣旨を踏まえて改正の手続きに入ることにしたのです。

なんということを言うのだ

六月十九日（月）は運営委員会でした。入学式委員会が、入学式の「反省と総括」を六月の職員会議に諮るとして文書を提出しましたが、相も変わらず「『日の丸』、『君が代』について」のところに次のような表現がありました。

「日の丸」「君が代」をめぐって子どもたちをはじめ職員、保護者の間で少なからず混乱を招き、この点に関して、暗くて重い雰囲気を残してしまった。（中略）「日の丸」「君が代」については不要であり、なくても支障がないという意見が圧倒的に多数であった。（中略）誰が主人公かわからなくなる「日の丸」「君が代」は不要である、というのが、職員大多数の見解であると判断した。

小・中・高各部でとったアンケート結果を集約した文書もあり、前回の卒業式委員会が出した「アンケートまとめ」と本質的に同様のことが、ヒステリックに書かれていました。私がどんなに誠心誠意話をしても、基本は何も変わっていないのです。私は短く次のように発言しました。

「まだこんなことを書いているのかとあきれるばかりだ。教育公務員としての職務や立場を踏まえ、よく反省してもらいたい」

運営委員会のあと、入学式委員会メンバーの一人である古沢教諭が「お話があります」と校長室に来ました。彼女は次のような話をしました。

「入学式委員会の『反省と総括』をワープロで打ったのは、私です。はじめ私は、入学式委員会として国旗・国歌についてそのようなことを書くべきでないと思って打ちませんでしたが、他の委員から『アンケートの結果が出ているのに、日の丸・君が代に関することを反省と総括に入れないのはおかしい』と指摘され、入れることになりました。仕方なく入れましたが、だいぶ抑えた表現にしたつもりです」

さらに古沢教諭は、「反省と総括」の中の「各部のアンケートより」の部分に「日の丸・君が代について……不要であり、問題が多いという意見ばかりであった」と手書きされている文章について、次のように説明しました。

「これは、担当者である私には何も言わないで、運営委員会間際になってあとから書き込まれたものです。私としては納得できません」

私は、職員会議の性格や教育公務員としての在り方、校長と職員との関係、民主的な学校運営の在り方などについて話をして、校務分掌の一つである入学式委員会が公の職員会議に教育公務員の職務に悖《もと》る内容のものを諮ることの問題点を説明しました。その上で、古沢教諭の考えや憤りは十分に理解できると励ましました。

六月二十一日（水）の職員会議で、入学式委員会はやはり「反省と総括」と「アンケート集約」を提出しました。

私は次のことを要求しました。

① 国旗・国歌について指導することが義務づけられている教育公務員の立場を踏まえ、「反省と総括」のうち、少なくとも「日の丸・君が代は不要」などの部分を削除すること。

② 「アンケート集約」の中に、国旗・国歌の指導を否定することにつながる言葉が連ねられていることは問題である。職員会議資料としない扱いとすること。

これに対して職員から異論が出ました。異論と言っても、新味はありません。全て議論済みのことで、私が回答したことばかりです。陳腐な言葉の繰り返しです。

西岡　校務分掌の一つである委員会としては、先生方の意見をまとめて報告する義務がある。これを削除せよと言うのはおかしい。

沢野 校長は、職員会議でものが言えない状態にするつもりか。

私 職務を遂行する観点に立った発言や議論はいくらでも自由に行えばよい。「自由にものが言えなくなる」とか「校長が発言を制限する」という批判は当たらない。

花田 職員会議における発言を、校長が止めることがどうしてできるのか。前の職員会議でも発言したが、どの法律に「発言を止めることができる」と書いてあるのか。校長がしていることは、「検閲」とどう違うのか。

川村 日の丸・君が代について、明確に決まっていないからこのような混乱が起こるのだ。入学式で、「全員起立」の掛け声をかけたが、これは憲法違反である。

私 皆さんは、これまで行ってきた議論を少しも踏まえないで、自分の主張だけを繰り返している。私はこれまで、皆さんが提起した疑問や意見にはことごとく論拠を明示しながら答えてきた。それに対して論理的な反論を全くしないで、私が言ってきたことを無視するように反対の言葉だけを繰り返している。これが本当に議論と言えるのか。言論の自由と言えるのか。よく考えてもらいたい。

議長（吉田教諭・分会長）は、昨年度職員会議に卒業式委員会が提示した文書の「『日の丸』が視野に入って目障りだった」という部分を私が削除した例を取り上げて、「どのみち、校長が削除するのだから、これ以上議論しても仕方がない」と述べて議論を打ち切りました。

職員会議終了直後、議長団の五名（岡本、黒木、木村、吉田、原田各教諭）が、退席しようとしていた私の所へ駆け寄って、糾弾口調で激しく詰め寄りました。内容は、職員会議規定改定問題や休憩時間の取り扱い問題などいろいろな懸案事項にも及びましたが、国旗・国歌に関しては次のようなやり取りになりました。

岡本　校長は、「論拠を挙げて説明してきた」と言うが、誰も校長の言うことに納得していない。納得していないから、日の丸・君が代に反対しているのだ。

私　正当に反論もしないで反対だけするというのは、おかしいではないか。納得できないのなら、何故納得できないのかを論証すべきだ。それに、「納得できないからしない」などということは許されない。納得できなくても、職務とあらばしなければならないものだ。

岡本　何故そうならないのか。何故、我々が「職務だからしよう」ということにならないと校長は思うか。

私　それは、あなた方が、職務の遂行に政治的な運動論を持ち込むからだ。自分の思想・信条、つまりイデオロギーを職務遂行に持ち込むことに原因がある。職務は、個人の思想・信条とは直接関わりのないものだ。自分の考えと異なっていても、職務であればしなければならない。

岡本　それは違う。校長は、よく「法令等に基づいて」と言うが、法律などというものは、時の

私　権力者が自分の都合のよいように決めるものだ。教育については教員が自由に考えて行うべきだ。

岡本　なんということを言うのだ。とんでもないことだ。我が国は主権在民を憲法に明記した民主国家だ。国の主権者は我々国民ではないか。専制君主制の時代ではない。今まさに衆議院議員の選挙の真っ最中だ。主権者である我々が投じた票によって代表が選ばれ、その代表が国会で法律を作っている。あなたの認識は間違っている。

私　校長の学校運営のやり方は、教員の労働意欲を削ぐものだ。皆が言っていることを校長は知っているか。「こんなことなら、最低限のことだけをして、できるだけ仕事をしないでおこう」と言っている。

木村　情けない。自分の考えと合わないからといってそのようなことを言うとは、自分で「私は教員の資格がありません」と言っているようなものだ。

私　学習指導要領には、「指導するものとする」とは書いてあるが、「全員起立させよ」とは書いてない。校長が「全員起立」を強制したのは教育内容への不当な介入ではないか。

木村　国旗を掲揚し国歌を斉唱するときに起立をするのは、国際社会のマナーであり、それを指導するのは大切な教育課題だ。

私　マナーはマナーであって、指導は教員が……。

木村　あなたは、国旗・国歌の指導を子どもたちに行ったのか。行った上で言っているのか。

木村　論理のすり替えだ。

異様な雰囲気のまま、彼らは去って行きました。前にも触れましたが、議長団の五名は全員が分会の役員です。組合運動と職務遂行との区別さえつかなくなっている有様でした。

職員会議規定を廃止

ちょっと脇道に逸れますが、話の流れとして大切ですので、職員会議規定の改定について触れておきます。

もはや改定は喫緊の課題でした。しかし、職員会議規定が定める手続きによって改定することは事実上不可能でした。構成員の三分の二以上の賛成がないと改正はできないという条項があったからです。

私が吉田分会長をたしなめて、「職員会議は校長が招集し主宰するものだ。校長が認めなければ職員会議は成立しない。本校の職員会議規定には問題がある。それに内規は、法令等を超えるものではない。学校教育法が定める校長の職務権限や管理運営規則の規定、この四月から施行される学校教育法施行規則の規定から言っても、このことは明白だ」と言ったとき、彼が、「それであれば、改正案を校長が提出して職員会議に諮ったらいい」などと強気なことが言えたのも、職員会議規定が定める手続きでは改正ができないことを彼はよく知っていたからです。

はじめは教職員に改正案を作らせようと働きかけましたが、全く歯牙にもかけない有様で、話になりませんでした。教頭と事務長を交えて検討を重ねた結果、校長の権限に基づいて現行職員会議規定を廃止することにしました。廃止した上で、改めて職員会議規則を制定し施行する以外に良い解決策は見当たりませんでした。

「改正ではなく、現行職員会議規定を廃止し、新たに職員会議規則を制定施行します」と宣言すると、教職員は、「校長横暴」「独裁者」「反民主主義」などと口を極めて攻撃し始めました。例によって「分会ニュース」でキャンペーンを張り、激しく私を批判しました。彼らの主張には丁寧に対応しましたが、国旗・国歌の問題と同じで、最後まで彼らを納得させるには至りませんでした。

とにもかくにも、平成十二年九月一日（金）、それまでの職員会議規定を廃止し、同日に新職員会議規則を制定施行しました。

新たに制定施行した職員会議規則の下では、教職員は「職場合意」を盾に好き勝手を主張する根拠がなくなりました。「議長」という呼称も本来の「司会」に替えました。私は、二学期を少しすがすがしい気持ちで迎えました。

しかし、事はそう簡単にはいきませんでした。教職員は猛反発して、何かにつけてそれまで以上に反抗するようになりました。とりわけ議長団の反発は常軌を逸していました。まるで、国会の議長のように自分たちのことを「議長職」などと称し、私に対して高圧的な態度をとり続けました。十一月になると、「校長の監督には服さない」と宣言する文書まで配布して抵抗しました。私は彼らを戒め、弛まず語りかけましたが、彼らの態度は頑なになるばかりで、会話さえ成立しない状況にもなりました。年度末間際に至っても新職員会議規則を無視し続け、三月二十二日にも旧職員会議規定に従って行動することを宣言する文書を配布しました。

このことと関わって、教育委員会の担当指導主事が取った不可解な態度にも触れておかなければなりません。私は、B校の状況を日頃から逐一報告し、職員会議規定の問題点や職員会議規定を盾に「職場合意」を振りかざして抵抗する教職員の実態を説明して、職員会議規定を改定する必要に迫られていることを伝えていました。

新職員会議規則を制定施行した後の教職員の抵抗やそれに対する私の取組についても、細大漏らさず報告していました。その都度その指導主事は、「校長さんを支援します」などと言っていました。

ところが、或る校長が、B校に習って自分も職員会議規定を本来の規定に替えたい、と相談に行くと、「B校は揉めている。そんなことはやめておいた方がいい」などと言って、校長のやる気を削いでしまったのです。

その校長は定年まで残り一年でした。後任の校長が苦労しなくても済むように問題の多い職員会議規定を改定しようと思っていたのに、この指導主事の一言で気持ちが萎えてしまったと言っていました。「校長を支援する」などと口では言いながら、その同じ口で全く逆のことを言うとは、いったいどういうことでしょうか。

私はその校長から話を聞いて、すぐに指導主事に電話をしました。事実を確認して抗議をすると、彼は、ヘラヘラした笑い声で言葉を濁していました。これでは、教育委員会が学校現場の問題を本気で受け止めているのか、学校改善を真剣に考えているのか、疑わしいと言わざるを得ません。法令等に違反する職員会議規定のことが新聞沙汰にでもなれば、またいつものようにはじめて知ったような顔をして、「調査して報告せよ」などと校長に命令するのかもしれません。私はこのときも拭い難い不信感を抱きました。

勇気ある教員が出現

九月四日（月）、私は教頭に次のことを指示しました。

①　十月の職員会議には卒業式委員会から卒業式に関わる計画が提案されるので、それに先だって卒業式委員会に教頭も出席し、国旗掲揚・国歌斉唱を計画の中に明記して提案するよう教員を指導すること。
②　教員の動きを十分にキャッチし、適切な対応をすること。

九月十三日（水）、小学部の職員朝礼で、卒業式委員会の黒木教諭が、「昨日卒業式委員会を開催し、卒業式の実施計画などについて検討した。基本的な考え方は変わらない。実施計画について文書を配布しているので、意見があれば聞かせてもらいたい」と報告しました。これを受けて、私は教頭に次の指示をしました。

① 卒業式委員会が配布した文書を手に入れること。
② 卒業式委員会に対し、国旗掲揚、国歌斉唱を実施計画の中に明記するよう指導すること。

十月十六日（月）、運営委員会で卒業式委員会が今度の職員会議に諮る案件「卒業式基本方針（案）」を提示しました。その中に、「昨年度委員会よりの申し送り事項をもとに課題を検討し、より充実した内容の卒業式を目指す」とありました。

私は、次のように述べました。

卒業式基本方針（案）の中に「昨年度委員会よりの申し送り事項をもとに課題を検討しより充実した内容の卒業式を目指す」とあるが、四月の職員会議で、昨年度の卒業式委員会が出した反省と総括のうち、私が「それは困ります」と指摘したことを踏まえて実施計画を立てていただきたい。

教職員からは何の反応もありませんでした。

十月二十五日（水）、職員会議で卒業式委員会が「卒業式基本方針（案）」を提示しました。私は、運営委員会で述べたことと同趣旨のことを述べた上で、実施計画の中に国旗掲揚と国歌斉唱を明記するよう、指示をしました。

これに対して、卒業式委員会の高等部委員長の松下という女性教諭は、「各部の討議を踏まえて計画案を作ります」と答え、私の指示など歯牙にもかけない態度でした。

職員会議終了後、教頭に卒業式委員会を指導するよう、重ねて指示しました。

例年のことですが、卒業式が近づくにつれて、教職員の抵抗は具体的になり、激しさを増していきました。私がB校の校長になって三年目の冬を迎えようとしていても、彼らの態度に変化は見られませんでした。

十二月十一日（月）は運営委員会でした。私は、運営委員会に先立ち、卒業式委員会に卒業式実施計画（案）を提出させ、その内容を一覧しました。心配した通り、式次第に「国旗掲揚」はなく、「日の丸は、掲揚しない」という文言が従来と同様に記されていました。教頭に卒業式委員会を指導するよう、改めて指示をしました。

教頭は、指示を受けて、実施計画（案）に朱を入れて卒業式委員会に返すとともに、国旗掲揚と国歌斉唱を計画案に明記するよう、担当者を指導しました。しかし、卒業式委員会は指導を受け付けず、国旗掲揚と国歌斉唱を入れない実施計画案を運営委員会に提示しました。私は、卒業式委員会の対応は間違っていることを諭した上で、次のことを改めて指示し、指示を受け入れない実施案は認めないことを明確にしました。

①　式次第の「はじめの言葉」の次に「国歌斉唱」を明記する。
②「日の丸は、掲揚しない」を削除し、「国旗を式場正面壇上に掲揚する」を入れる。

担当の松下教諭は「各部会の討議を受けて卒業式委員会が実施計画案を提示しているのであり、自分の一存では変えられない」と答え、私の指示を拒否しました。私は、「部会の意向は聞くが校長の言うことは聞かない、というのは、職員として正しい態度とは言えない」と諭し、職員会議には国旗掲揚と国歌斉唱を入れた計画案を提示するよう、重ねて指示しましたが、松下教諭は全く受け付けませんでした。

十二月二十日（水）の職員会議で、松下教諭は、国旗掲揚、国歌斉唱を入れない実施計画案を提示しました。私は、運営委員会で述べたことと同じことを述べた上で、改めて先の二つを計画案に入れるよう指示しました。

これに対して数名の職員が発言し、次のような議論になりました。多くはこれまでと同様の陳腐な意見でしたが、友田、小森教諭がこれまで私が語りかけてきたことをしっかりと踏まえた発言をしたのは嬉しい驚きでした。

木村　卒業式は最後の授業である。「ああ、よかったな」という思いで子供を送り出してやりたい。本校の卒業式は本当にすばらしいと思う。国旗・国歌を教材として使うとき、どんな力を付けさせようとするのか。本校のような障害を持つ子どもに、国旗・国歌の指導が必要なのか。

友田　自分の子どもは保育園で国旗・国歌の指導を受けている。短い時間で見れば国旗・国歌を教えたからといってすぐに子どもにとってどうという効果はない。私は自分の子どもには国旗・国歌を教えているが、効果は長い時間を経なければわからない。本校の卒業式は確かに素晴らしいが、自分の子どもが行っている保育園の卒業式はもっと素晴らしい。そこでは国旗・国歌の指導が行われている。

小森　国旗・国歌についての考えは、議論する前から決まっていることではないか。議論しても皆が合意できる問題ではない。卒業式は最後の授業には違いないが、「儀式的行事」の一つであることを考えるべきだ。「障害児には必要ない」というのもいかがなものか。学習指導要領で指導することが決められていることを、教育公務員である自分たちが「必要ない」などと言うことはできないのではないか。個人の考えと異なっていても、職務なのだから行うべきだ。合意は困難である。校長の判断に従うべきだ。

黒木　子どもの権利条約によれば、十八歳未満は子どもである。子どもと大人の違いは、選挙権の有無、つまり、主権者であるかないかにある。主権者を育てるのが教育である。

「国旗・国歌法」が決まったからといって、上から指示を出す形で国旗・国歌の指導を押しつけるのが主権者を育てる教育と言えるのか。茨木の保育園では毎日日の丸が揚がっているところもある。NHKが番組終了後に日の丸を映して君が代を流しているが、そういう形で意識を持たされる動きになっている。障害児に一律に国旗・国歌を教えることは本当によいのか。職員会議に出るのがしんどくなるような状況だが、避けて通れない。もっと議論すべきだ。

司会 卒業式委員会から提案されている計画のうち、校長から出されたことについては意見が分かれている。とりあえず、その部分を留保し、他の部分については、年明け早々から担当者が具体的な作業をしなければならないので、異論がなければ承認していただき、校長から出されていることについては継続審議という扱いではどうか。

冨山 校長の指示に従うのか従わないのか、そこのところがはっきりしないと、これ以上議論しても仕方がないのではないか。次回の職員会議で議論を続けるのなら、自分は職員会議に出たくない。

私 「国旗掲揚」「国歌斉唱」を入れない実施計画を認めることはできない。議論が必要だと言うのであれば継続審議にして議論を続けてもらってもかまわないが、これまで議論してきたことを踏まえた議論をしていただきたい。本年度のはじめに、国旗・国歌の指導に関する「総括とお願い」という文書を全員に配布しているので、もう一度読み返していただきたい。

司会 校長から出された問題については継続審議とし、後の部分は異存がなければこれで決めたいと思います。よろしいですか。

吉田（分会長） 校長はこれまでの議論を踏まえろというが、議論が決着しているとは認識していない。校長の言うことに納得してはいない。

花田 校長は、「民主教育の一環として教えてほしい」と言うが、国旗・国歌を指導することが「民主教育の一環」とどうして言えるのか。私には理解できない。一方の考えを押しつけることがどうして民主教育なのか。

司会 それでは、これで議論を閉じます。

松下 関連することで発言したい。実は、運営委員会に出すために卒業式実施計画案を教頭に提出したところ、赤ペンで記入したものを返され、「そのように訂正して出し直してください」と言われた。このようなやり方はおかしいと思う。

私 これまでの経過を踏まえて考えてもらいたい。式次第に「国歌斉唱」を入れることや式場の壇上に国旗を掲揚することは、年度当初から皆さんにお願いしていることである。それを全く踏まえない計画案を出してくることがそもそも間違っている。運営委員会にかける前にそのことがわかったので、私が教頭先生に指示をして卒業式委員会に訂正を求めた。教頭を責めないでもらいたい。

教育長通知

卒業式が近づくと教育委員会の動きもせわしくなり、一月十日付けで教育長の通知文が送達されました。国旗・国歌を指導することの教育的意義に触れ、学習指導要領に従って卒業式・入学式には国旗を掲揚し国歌を斉唱するよう訓令していました。

一月二十二日（月）、運営委員会で卒業式委員会の松下教諭が、国旗掲揚も国歌斉唱も入っていない卒業式実施細案を提示しました。私は、国旗・国歌の指導に関する一月十日付けの教育長通知を紹介し、改めてその徹底を指示しました。

これに対して吉田教諭（分会長）が、「司会の担当者は、国歌斉唱のとき、司会を拒否できるか」と質問しました。私は、次のように答えました。

　学校行事として行う卒業式において、役割分担は、校務分掌の一つであり、仕事を拒否するなどということがあってはならないし、拒否は基本的にできない。昨年度はあのような経過から、国歌斉唱のときだけ教頭に司会をしてもらったが、あれは緊急の対応としてやったことである。

入学式委員会が、部会等の話し合いを踏まえて国旗掲揚も国歌斉唱も入っていない入学式実施計画案を提示しました。私が、「部会等の意向は聞くが校長の言うことは聞かないという態度は、教員として正しい在り方ではない」と述べると、木村教諭がいつもの論理で噛みつきました。さらに、吉田教諭から、入学式の司会について、「個人的な意見だが、司会は教頭にして貰ったらどうか」との発言があり、職員から同調するような反応がありましたが、すでに説明していることでもあり、私は何も答えませんでした。

一月二十四日（水）、職員会議で、卒業式委員会が指示に従わず、運営委員会で提示した実施計画案を提出しました。私は、教育長通知を読み上げて、運営委員会で述べたことと同様のことを述べ、改めて国旗掲揚と国歌斉唱を正しく行うよう指示をしました。

これに対して、またいつものメンバーが反発しましたがその中にはこんな発言もありました。

黒木 広島県の校長が自殺をしたが、あの校長はどんな考えで死んだのか。自分の考えを言って死んでくれたらよかったのに……。国旗・国歌法の審議はスピード審議だった。教育現場で押しつけはしないと時の総理大臣も明言していたのに、末端の学校現場ではこのような形で押しつけている。おかしいではないか。校長は「思想・信条の自由は侵さない」と言うが、実際に侵されていると思っている者の気持ちをどう考えるのか。（黒木教諭は、私を睨み付け、怒声を浴びせるような調子で発言しました）。

私 黒木先生の認識には基本的な誤りがある。国会の審議において、総理大臣も文部大臣も「教育現場で押しつけはしない」などとは言っていない。「学習指導要領で指導することが定められていることを教員が指導するのは職務であり、思想・信条の自由を侵すものではないし押しつけにも当たらない」という趣旨の答弁をしている。このことも、これまでに私が示した資料に書いてあるので、読み返してもらいたい。

吉田（分会長） これまで校長とはうんざりするほど議論した。したがって、これから私が発言することに答えてもらう必要はない。卒業式は子どもたちにとって最後の授業であり、それをどうするかは教育の中身に関わることである。学校教育法第二十八条には校長の職務権限として「校務をつかさどる」ことが定められているが、同じ学校教育法第二十八条には、教員の職務として「教育をつかさどる」が定められており、卒業式をどうするかは教員の職務である。教育の中身に校長が口を差し挟むのは間違いであり、国旗・国歌の指導を押しつけるのも間違っている。

私 確かに学校教育法二十八条第六項は、教諭の職務を「児童の教育をつかさどる」と定めている。しかしその職務は、同法同条第三項に定める校長の職務権限から独立したものではない。校長の職務は、「校務をつかさどり、所属職員を監督する」と定められており、「教育をつかさどる」という教諭の職務は校長の監督を受けて行われるものである。

校務とは、判例でも示されているように、「校舎等の物的施設、教員等の人的要素及び教育の実施の三つの事項につき、その職務を完遂するために要求される諸般の事務」全般に及ぶものである、教育の中身についても、校長は必要に応じて教職員を指導したり指示を与えたりすることができる立場にある。「教育の中身に校長が口出しをするのは間違いだ」と言うのは的外れである。

木村　教師として、「子どもにとってどうなのか」を考えたい。校長は、「教育の中身」を巧妙にすり替えている。私は一人の教員として、内心の信条と矛盾することを子どもに教えることはできない。「教育長通知」に述べられていることは、言葉としてはそうだろうが、自分としては、国を愛する気持ちを育てることと国歌斉唱とは結びつかない。

私　私の息子も公務員で、ときどき仕事上の相談を受けるが、自分の意見や信条と異なっていても、職務であれば遂行しなければならない。どうしても自分の信条に照らしてできないというのであれば、公務員の職を辞さなければならないと助言している。どのような仕事も、自分の信条と合致し、納得して気持ちよく遂行できれば、それに越したことはないが、現実はなかなかそうはいかない。校長の職務にしても同様である。私個人の信条とは別に職務であれば心を鬼にして言わなければならないこともあるし、しなければならないこともある。教員がどうしても自分の信条に照らして職務を遂行できないというのであれば、教員を辞めなければならない。職務とは厳しいものだ。

黒木　校長は我々に教員を辞めろというのか。暴言だ。撤回しろ。（これは、激高し、私を睨み付けての怒号でした）。

私　「辞めろ」という趣旨ではない。職務というものの厳しさについて言ったのだ。

家塚　国旗・国歌についての裁判では、我々の主張は負けている。そのことが校長を強気にさせている。君が代のような暗い短調の曲を子どもたちに教えることの教育上の問題点を指摘したとき、校長は「たかだか一分そこそこのことだ」と言ったことがあるが、音楽に敏感な本校の子どもたちに、あんな暗い、気持ちが落ち込むような曲を、たとえ一分でも流すことをどう考えているのか。校長は年頭の所感で「学校は子どもたちのためにある」と言ったが、そのことと矛盾するとは思わないのか。

私　私は、今、家塚先生が言ったような意味で「たかだか一分そこそこのことだ」と言ったことはない。勘違いではないか。以前に「すでに式次第の細かい時程が決まっていて、君が代斉唱を式次第に入れる余地がない」と担当の先生が言ったとき、「一分そこそこの曲を入れられないはずはない」と言ったことはある。国歌の曲調が「暗い」と家塚先生は言うが、我が国の国歌は君が代以外にないのであって、子どもたちに国歌を指導するのは当然のことであり、音楽の時間にどの学校でも教えることが定められている。

学習指導要領は、たとえどんなへんぴな離島であっても、日本の学校に学ぶ子どもたちに教育の機会均等を保障するために設けられた国の教育課程基準である。国旗・国歌の指導も障害の有無にかかわらず、どの子にも保障するものとして学習指導要領に定められており、国歌を指導することは「学校は子どものためにある」と少しも矛盾しない。

司会　国旗・国歌についてては世間に議論があるからこそ、教育委員会が「通知」を発したのだ。時間の都合もあり、校長から意見があったということで議論を打ちきりとしたい。

私　校長が校務遂行に関わってお願いしたことや指示したことは、校長個人の単なる「意見」ではない。学校運営上の方針であると心得ていただきたい。

職員会議の流れが変わる気配

議論が終わってから木村教諭が特に発言を求め、「私は、憲法に従い、職務を遂行する」と述べました。これは、憲法に思想・良心の自由が規定されているから、自分は自分の思想・良心の自由に基づいて国旗・国歌に反対する、ということを短く言ったものでした。

次に入学式委員会が、入学式実施計画を提示しました。私は運営委員会で述べたのと同様に国旗と国歌の扱いを述べました。

これに対して、司会（原田教諭）は、「時間の都合もあり、他に案件もたくさんあるので、校長からお願いがあったということで置いておきたい」と述べましたが、十二月の職員会議で勇気ある発言をした小森教諭が挙手をして、発言しました。木村教諭と議論になりました。

小森　先ほど木村先生は、「私は、憲法に従い職務を遂行する」と言ったが、具体的にはどういうことか。

木村　憲法が保障する思想・信条の自由を守るということだ。

小森　憲法を守るということは、憲法全体を守るということだと思う。憲法第一条は象徴天皇について規定しており、「君が代」の「君」がたとえ天皇を指しているとしても、一向に構わないではないか。木村先生はこのことをどう思うのか。

司会　大切な議論だが、時間がないのでこの辺で打ち切りたい。

小森教諭の発言は、教員の中からはこれまで全くなかったものです。木村教諭は驚いた顔をしていました。司会の原田教諭も、慌てて議論を打ち切りました。少しずつB校も動き始めた感じがして、私は微かに展望が開けた気がしました。

二月二十一日（水）の職員会議では、前回から継続となっていた国旗・国歌の取り扱いについて、集中的に議論を行いました。あまり発言することのなかった小森教諭が、前回の職員会議の発言を契機にして俄然発言をし始めました。私がこれまで語りかけてきたことをしっかりと踏まえた発言でした。今までに発言したことのない教員も何人か発言しました。職員会議の風向きが変わる気配を感じました。

原田　どのように子どもを輝かせて卒業させるかをいつも考えている。日の丸・君が代の問題は違和感がある。校長は、以前の職員会議で死刑執行に当たる公務員の例を出して、職務は個人の思想・信条や主義・主張には関わらないものだと言ったが、不見識極まりないものだ。我々に「教育の自由に対する死刑執行人になれ」と言うのか。

教育公務員は他の公務員とは違う。教育の自由を守る立場にある。ＩＬＯの「教員の地位に関する勧告」などを踏まえるべきだ。職員会議でもっと憲法論議をする必要がある。校長が出した「Ｑ＆Ａ」だけでは収まらない。天皇は、日本や日本国民の象徴であり、その地位は「主権の存する日本国民の総意に基く」と憲法にあるではないか。主権者は国民であり、国民の基本的人権は守られなければならない。基本的人権を子どもたちにどう教えていくか。子どもたちの自由を守るためにも教師は手本を示さなければならない。日の丸・君が代の押しつけは憲法違反である。やめてほしい。

小森　こんな議論をやって何になるのか。今の意見はひどすぎて、議論のしようがない。個人の主観に基づいて議論したら、毎日議論しても結論は出ないではないか。

司会　この問題を避けて通ってはいけないのではないか。教育現場にいる者として、この議論は必要だ。

小森　国旗・国歌についての考え方はいろいろある。個人が主観で発言しだしたら収拾がつかなくなる。学校運営を主観に基づいて行えばバラバラになってしまう。前回の職員会議で「君が代は短調の曲で暗い。教育上好ましくない」という意見があったが個人がどう感じるかはさまざまだ。君が代は西洋音楽でいうところの「短調」ではなく「壱越調」の曲だ。日本古来の音楽を「暗い」とか「教育上好ましくない」などと言えば気を悪くする人もいるかもしれない。主観でものを言いだしたらきりがない。

後藤　入学式の司会を担当する者として、どういう風に処すべきか、考えている。三つの点で、自分としてはできないことを明らかにしたい。まず第一に、私は部の皆に選挙によって選ばれた部主事であり、皆の代表である。したがって、皆の意向に背いて「国歌斉唱」と言うことはできない。第二に、戦争で死んでいった人たちのことや日の丸・君が代が果たした役割のことを考えると、日の丸・君が代を子どもたちに教えるべきではないと考えるので「国歌斉唱」と言うことはできない。

　そして第三に、先日テレビで戦時中の杉原千畝のことを放送していたが、彼は、外交官でありながら上司の命令に背いて正義を貫いた。もし彼が、上司の命令を忠実に守っていたら、どうなっていたか。戦後の教育は自由を基本としており、職務命令はなじまない。「やれ」と言われても自分はできない。

小森　思っていても物言わぬ人は多い。日の丸・君が代を過去の戦争に結びつけるだけの論法はおかしいではないか。旗や歌が戦争をしたのではない。戦争の原因は他にある。経済問題が根底にあったし、外国の列強がしのぎを削っていた時代のことでもあった。五十年以上も前の戦争に結びつけて、そこから少しも抜け出せない議論はやはりおかしい。

沢野　国旗・国歌の法制化のときにも国民世論を二分したような問題である。発言したくない人はしない自由もある。思想・信条を暴露するようなこと自体がよくないのだ。入学式のときには教育委員会がチェックに来たが、異常なことだ。そのようなことこそが問題だ。校長は「職務であれば、個人の思想・信条に関わりなく遂行しなければならないものだ」と言うが、そんなことはない。基本的人権の一つとして思想・信条の自由があることは憲法で保障されていることであり、自分の思想・信条に反することは、職務であっても拒否できると聞いた。憲法で保障する基本的人権は守られなければならない。

岡本 校長は、五年先、十年先を考えて判断してほしい。平和を口にしない戦争はなかった。このようなときだからこそ議論をしなければならない。日の丸・君が代の押しつけの背後にあるものを見抜かなければいけない。

富上 一月にテレビで、浅田次郎原作の「鉄道員」を見た。料理屋の女将が、「私は赤旗も日の丸も関係ない。飲み屋の提灯を揚げたいね」と言う場面があった。自分としてもどちらでもよい。「鉄道員」を見たことがきっかけで、浅田次郎の本を買って読んだが、その中で、必ず死刑になる一番重い罪のことが書いてあった。「外国と通じて日本を攻撃させる」場合の罪が一番重いということであった。社会科の教師でありながら、自分はそのことを知らなかった。歴史的に日本の領土であることが明白である竹島について、韓国が領有権を主張して行動しているが、この問題をどう考えるのか。国家というものをどう考えるかに関わる問題だ。「国家は国民を抑圧するもの」と捉えれば、国家は国民にとって「悪」というところに行き着く。本当にそうか。そういうことをハッキリとさせることが必要ではないか。これはイデオロギーの問題だ。子どもたちには、「これは日本の旗だよ。日本の歌だよ」と教える程度のことでよいと私は思っている。

坂上 戦争は過去のことだと言う人がいるが、歴史は繰り返す。戦争は過去のことではない。戦前の教育では徹底して軍国主義がたたき込まれた。戦争が終わって価値観が百八十度変わった。戦前に受けた教育から頭を切り換えるのに二十年かかったという話を読んだ。教師としていつも真善美を求めたい。

吉村 正直言って、このような議論にうんざりしている。早く終わればいいなと思う。儀式であるから旗があろうがなかろうが自分としては気にならない。日の丸には抵抗がない。君が代の歌詞には抵抗がある。

鹿内 確かに過去に戦争があり、侵略したという事実はあるが、歴史上のことである。当時の人たちは人たちで精一杯に生きていたのであり、現在の目で当時の人たちを悪く言うことは避けたい。日の丸・君が代によって過去の時代に引き戻そうとする人は、一部を除いてないのではないか。歴史は歴史として学び教えることが大切である。日本がかつて戦争をしたことやその教訓を教える、そして、国旗・国歌についても教える、それが大切ではないか。個人は国があってのことだ。

郡司 賛否の意見を聞いても、どちらがどうということはない。大切なのは、職場の合意ではないか。前回の職員会議で校長は「職務を遂行できないのであれば教員を辞めろ」という意味のことを言ったように聞こえた。校長は、教員の悩みや苦しみが少しもわかっていないしわかろうとしていないのではないか。教員の気持ちと校長は乖離している。職員が活き活きと働くことができるようにするのが校長というものではないか。皆がイヤになって仕事の意欲を失うようなことはすべきでない。職場合意を守って学校運営をしてもらいたい。職場合意ができておれば日の丸を揚げて君が代を歌えばよい。

司会 多数決で職員の意思を確認したい。

小森 それはおかしい。学習指導要領に定めてあることを多数決で決められるのか。何でも多数決で決められるのか。

司会 職員会議規則に則って、卒業式委員会の原案について採決するのだ。

小森 学校という組織としてどうかという問題に関わることだ。校長の職務権限との関わりはどうするのか。職員会議は校長が主宰すると学校教育法施行規則に規定されている。学校教育法施行規則の改正までも提起するつもりか。法令に規定されていることを職員会議で採決して何になるのか。何のために採決するのか。校長に対抗するためか。

田宮 今の小森さんの意見は原案に対する修正案として処理してもらいたい。修正案の賛否を先ず採って、それから原案の採決に入ってもらいたい。原案に反対の意見が出れば、そのように処理することは小学校でも習ったことだ。

小森 我々は職務として行っているのだ。小学生の児童会とは違う。国旗・国歌の問題は採決になじまない。採決して、その結果をどうしようというのか。今私が言っていることは原案への修正案ではない。

司会 結果を受けて職員会議を主宰する校長が判断を示すことになる。校長は採決の結果を尊重するであろう。

松下 卒業式委員会としては、委員会の案を採決してもらいたい。皆さんの意思を知りたい。そうしないと作業ができない。

小森 今までの議論からも明らかなように、個人の思想・信条に関わる問題である。それを採決という形で意思表示させるのは、一種のファッショではないか。

司会 結果がどうであれ、校長は旗を揚げ歌をやるだろうと皆はわかっている。卒業式委員会の案を採決して皆の意思を確認したい。

島崎 校長は譲歩する気はないのか。旗を式場ではなくどこか違う場所に揚げて歌を違う場所で歌うようなことは考えられないのか。

私 今、島崎先生から問われたことに限って答える。妥協したり譲歩したりする気持ちは一切ない。

司会 投票用紙を配布するので、卒業式委員会の案に賛成は○を、反対は×を書いてください。
開票の結果は、○…六十票、×…十三票、白票…十三票、△…五票、計…九十一票

みなさんの言う「話し合い」とは何か

議論及び採決の結果を受けて、私は次のように述べました。

職員会議で職員同士が今日のように議論するのは、私が三年前に本校に着任して以来はじめてのものだった。これが本来の姿であり、校長としてとても嬉しく思う。これまでの職員会議では、校長と職員がやり合うという形であった。校長と職員は、議論することはあっても、本来対立する関係ではない。職員同士が職務遂行という観点に立って今日のような議論をする職員会議をこれからもお願いしたい。

私はさらに国旗、国歌についての考え方を述べたうえで、こう訴えました。

校務分掌の一つである卒業式委員会が、卒業式実施計画に国旗掲揚・国歌斉唱を入れないで職員会議に提案すること自体が問題である。それ故、私は、卒業式委員会に対して国旗掲揚、国歌斉唱を実施計画に入れて提案するよう事前にお願いしていた。それを受け入れなかった卒業式実行委員会の態度は正しくない。小森先生の指摘の通り、学習指導要領に実施が定めてあることは職員会議の採決にはなじまない。採決はすべきでない。

後藤先生は、「部主事は選挙で選ばれた皆の代表だから皆の意向に背くことはできない」

と発言したが、これは、認識が基本的に間違っている。部主事は校長が教育委員会に具申して教育委員会が任命するものである。そこに至る過程で選挙という手続きを踏んではいるが、それは決定的なことではない。部主事としての職務を果たしてもらいたい。

沢野先生は、「自己の思想・信条に照らしてイヤなことは職務の遂行を拒否できる」という発言をしたが、その認識は間違っている。公務員がその身分を保有しながら、当然為すべき職務を拒否することなどできるはずはない。自分の思想・信条を優先して職務遂行を拒否するのであれば、公務員としての身分を失うことを覚悟しなければならない。

郡司先生は、「校長は教員の気持ちがわかっていないのではないか」とか「校長は、『それなら教員を辞めろ』と言った」、「校長は職場の合意を守るべきだ」という趣旨の発言をしたが、私自身、若い頃に組合活動もしていた。ここにも一緒に活動をした仲間がいる。皆さんの考えや気持ちは十分にわかっているし理解しているつもりである。だからこそ懸命に語りかけているのである。

以前に職務について説明したが、あれは、「イヤなら辞めろ」という趣旨で言ったのではない。職務というものの厳しさについて言ったのだ。

職場合意を守るべきだと言うが、職員が合意したことを尊重して学校運営をするのは当然のことだ。ただ、法令等に違反することや学校運営上支障があると判断できるような場合には、職員が合意したことでも校長として受け入れることはできない。国旗・国歌の指導は、まさにその事例だ。

それでも彼らは納得しません。私の発言が終わるとすぐに分会長の吉田教諭が発言しました。

吉田 国旗・国歌について、学年担任から校長にお願いに行くので、聞いてもらいたい。

私 必要なことは職員会議で明らかにしているので、個別に来られても受けない。必要であれば職員会議で出してもらいたい。

司会 平成十年度には、校長は「いつでも話し合いに応じます」と言っていたではないか。卒業式までの間、話し合いには応じてもらいたい。

私 平成十年度は、私が着任したばかりであり、職員の考えを知りたい思いから可能な限り話し合いに応じたが、皆さんは「思い直してほしい」と言うばかりで、私の言うことを理解しようとせず、途中から同じことの繰り返しになった。皆さんの言う「話し合い」は、私が「分かりました。皆さんの仰る通りにいたします」と言うまで際限なくやって来るというものであり、私は胃潰瘍になるまで頑張ったが、もうあのような経験はしたくない。

後藤 職務だと言われても、自分としてはできない。

金井 国歌のテープを扱わせないでほしい。そんなことをすれば、司会などの役割を誰もしなくなる。

花田　職務命令や学習指導要領は憲法に保障する基本的人権よりも優先するのか。

吉田　細かい具体的な作業のこともあり、詰めの相談がある。そのためにお願いにいくのでよろしくと言っている。

私　学校行事として行う卒業式であり、役割分担に基づいて職務を遂行してもらいたい。吉田先生の言う趣旨はわかる。昨年は結果として国歌斉唱の司会を教頭がやり、式場に貼る式次第を管理職が準備したということがあったが、職員会議という公の場で、「今年もそうする」とは言えない。

司会　話し合いには応じるということで理解したい。

二月二十七日（火）、私は、こちらの意思を明確にするため、今回も文書による職務命令を出し、教頭に、卒業式委員会を指導するよう指示しました。とりわけ卒業式のしおりに「国歌斉唱」を明記することや司会の役割を果たすように念を押しました。

私は心が凍り付いた

これだけ手を尽くしても、教員は言うことを聞きませんでした。三月三日（土）に高等部の卒業式委員会委員長の松下教諭が「国歌斉唱」の入っていないしおりを作成したのです。この日、私は出張で学校を留守にしていました。松下教諭というのは、昨年も国歌斉唱抜きのしおりを作って徹底的に抵抗した一人ですが、今年も全く反省することなく平然と同じことを繰り返しました。

三月五日（月）に報告を受けた私は、松下教諭を指導するよう教頭に指示しました。

翌三月六日（火）、教頭は松下教諭を指導しましたが、彼女は頑として指導に従わず、教頭がしおりを作らざるを得なくなりました。

指導に限界を感じた私は、一連の経過を詳しく教育委員会に報告し、「所属職員監督」の限界を感じていることを正直に告白しました。

三月八日（木）は高等部卒業式の予行でした。国歌斉唱を整然と行いましたが、生徒は一人も起立せず、斉唱もしませんでした。教員もほとんどが起立も斉唱もしませんでした。管理職以外で起立して斉唱したのは、僅か五名という有様でした。

翌三月九日（金）は高等部卒業式の本番でした。午前八時十五分に最終点検を行い、本番は予定通り粛々と進行することができました。国歌斉唱の際、来賓及び保護者のほとんどが起立して斉唱したのに対し、職員は二十名ほどが起立して斉唱しました。僅か二十名ほどとは言え、前年度前々年度の状況を思えば確かな変化だと思い、私は少しばかり胸を撫で下ろしたのでした。

しかし、分会はまたまたとんでもない異常行動に出ました。卒業式終了直後、吉田分会長が「分会声明（案）」と題する文書を全教職員に配布したのです。

この文書は、またもウソと捏造に基づいて私を誹謗中傷する内容のもので、その紙の裏にはなんと卒業生向けのお祝いの言葉が印刷してありました。一部は生徒や保護者の手にも渡ったようでした。教職員が管理運営事項について校長を批判する文章を生徒向けの祝いの文章と同じ紙に印刷して配布するなどということはあってはならないことです。彼は、して良いこととといけないことの区別さえできないのでした。

とにかく酷い内容で、放置することはできませんでした。私はすぐにこの文書の問題点を指摘する文書を準備しました。

週明けの三月十二日（月）、準備した文書を教頭、事務長を交えて読み合わせをして完成し、全教職員に配布しました。A四判三枚ほどの文章です。三日後の十五日には小学部・中学部の卒業式が予定されており、「分会声明（案）」のような文書を二度と配布させてはならないとの思いが私にはありました。吉田分会長を呼んで注意をし、このようなことをしないよう指導しました。私が具体的に指摘した問題点について、彼は何一つ釈明も反論もできませんでしたが、反発の姿勢だけは変えず、薄ら笑いを浮かべていました。

私は、「分会声明（案）」と私が配布した文書の両方をコピーして教育委員会に送り、これまでの経過を詳しく報告しました。その上で、校長としてもはや教職員を指導しきれない状態であることを重ねて伝えました。さらに、三月十三日（火）には、教育委員会に出向き、担当指導主事に「分会声明（案）」と私が配布した反論文書について詳しく報告しました。教育委員会の担当者から、「組合本部委員長に会って、注意をしておきます」との返事を得ました。

三月十四日（水）は小・中学部卒業式の予行でした。国歌斉唱を行いましたが、起立をした教職員は十名ほどでした。

予行のあと吉田分会長を校長室に招き、職員としての在り方について話をした上で、高等部卒業式後に配布した「分会声明（案）」について反省を求め、同じことを繰り返さないよう、重ねて注意しました。彼は、私の指導をあざ笑うように含み笑いをして、返事さえしませんでした。

三月十五日（木）、小・中学部卒業式本番は厳粛な雰囲気の中で粛々と進行しました。国歌斉唱時に、来賓及び保護者は全員が起立して斉唱しました。管理職以外で起立して斉唱した教職員は約三十名でした。

高等部の卒業式のあとと同じように、私は一応安堵の胸を撫で下ろしましたが、吉田分会長は、午後十二時三十分頃に再びあの「分会声明（案）」を全教職員に配布しました。内容も形式も前回と全く同じものです。私が指摘したことなど全く無視していました。彼が私の指導をあざ笑うように含み笑いをしていた意味はこういうことだったのです。

私は、教育委員会の担当指導主事に電話をかけて、吉田分会長の行為を報告しました。注意をしようと彼を捜しましたが、半日休暇をとってすでに学校を出ていました。やむを得ず代わりに副分会長の岡本教諭を呼び、事実を確認した上で注意をし、次のことを申し渡しました。

①三月九日に分会が配布した「分会声明（案）」について、校長として文書を配布し、その

問題点を明確にして、今後このような文書を配布しないよう注意をしたのに、それをまったく無視しているのは許されないことである。

② これまで、所属長として必要な指導をしてきたが、ことごとく耳を傾けようとしない姿勢は、職員としてあるまじきことである。この責任はとってもらうつもりである。

これに対して岡本教諭は、「分会声明（案）」の内容や配布したことへの反省は口にせず、「分会長に伝えます」とだけ答えました。

三月十六日（金）、教育委員会に出向き、分会のこれまでの行為について報告するとともに、吉田教諭たちの平成十年度以来の様々な問題行動について改めて詳しく報告しました。その上で、校長としての監督責任を果たし得なかった不明を詫び、校長として万策尽きたことも正直に申し上げました。無念でした。身体中の力が抜けていく思いがしました。

三月も下旬に入った頃、これまでの国旗・国歌の議論をまとめる形で論点を網羅した論文を書き上げました。国旗・国歌に関して、不毛の議論や軋轢《あつれき》を繰り返してほしくないという、私の切なる思いを込めて書いたもので、A四判十二枚にも及びました。三月二十三日（金）、この文書を国旗・国歌の議論の総括代わりとして全教職員に配布しましたが、この文書が、国旗・国歌に関して私がB校教職員に配布した最後のものとなりました。

三月三十日（金）、私は他校への転任の辞令を受け、四月一日付けで転勤しました。

四月一日は日曜日でした。私は残務整理のためにB校へ行きました。誰もいない学校ほど寂しいものはありません。三年間の喧騒がウソのように静まりかえって不気味なほどでしたが、教職員の机上に配布されている文書を見て心が凍り付きました。

吉田分会長がB四判一枚にびっしりと私を誹謗中傷する文章を書き連ねていたのです。彼は、三月三十一日に私がB校を去っていくのを見届けてから、この文書を配布したものと思われます。去る者に石を投げる行為と言わなければなりません。どの机にも配布されたままの状態で残っているのを見ると、教職員がほとんど帰宅したあとで配ったのかもしれません。

彼が何を書こうと、どんなに私に悪罵を浴びせようと、もはや私は彼を監督すべき立場にはありません。彼はそれを待っていたかのように、このような行動に出たのでした。

卑怯卑劣を絵に描いたような行為です。「話せばわかる」を信条にあれほど心を割って語りかけ、誠心誠意接してきたことは何であったのか。私は暗澹たる気持ちになり、奈落の底に落ちて行く心地がしました。

やりたい放題の限りを尽くした吉田教諭たちを、教育委員会は結局、誰一人として処分することはありませんでした。

解説

そしていま、私たちは、民主党政権の誕生を見た

櫻井よしこ（ジャーナリスト）

私は日本の教育が直面する問題について、年来の取材を通して或る程度理解していたつもりだった。だが、そのような考えが如何に甘かったか、実際の教育現場は想像を絶した荒廃の真っ只中にある、と突きつけたのが本書である。

著者の一止羊大氏（仮名）は、公立学校における五年間の校長体験を詳録し、その中から「日の丸」「君が代」問題に限って抜粋してまとめた。こうして生まれた本書に、氏は『学校の先生が国を滅ぼす』という刺激的な題名をつけたが、これこそ掛け値なしの真実だと確信する。

本書を読みながら、私は、氏が体験したであろう絶望や口惜しさを自分の体験であるかのように感じ、その切実な想いを確かに共有したと実感した瞬間があった。本書を手にとれば、私だけでなく、そのように感ずる人は多いに違いない。普通の常識人なら誰しもが、本書に紹介されている教職員の言い分が、如何に奇妙で理に適わないかを瞬時に見てとるだろう。左翼政党に支えられ、異常で執拗な攻撃を仕掛け続ける教職員、彼らとの対

話に疲れ果て、一止氏が翌日また、彼らとの「交渉」に臨もうとするとき、頑張れ、挫けるなと、心の中で声援を送りながら読んだのも、教職員らが一止校長に突きつけた多くの質問に、「この馬鹿者が！」と、心中怒りの声をあげたのも、本書への共感、共鳴ゆえである。

公立学校の教師でありながら、組合運動を学校に持ち込み、ビラを配り、揚句、特定政党へのカンパを要請し、自分たち以外の如何なる意見にも耳を傾けず、相手を思いやることもなく、謙虚になることもなく、なにひとつ学ばず、一ミリも成長しない。そんな人々が仕切る全国津々浦々の教育現場では、校長の生命が削り取られていく。際限なく繰り返される教職員との「話し合い」で、一止氏が疲労困憊し、追い詰められていきつつあった頃、たとえば広島県では校長の自殺が続いた。

平成十一年の県立世羅高校の校長の自殺は、国会で取り上げられた。十四年には同県三原市の養護学校の校長が自殺した。十五年には尾道市の小学校で、大いなる注目を浴びて校長となった民間出身の人物が自殺した。

広島県教育委員会の調査は、教職員組合が校長の権限を無視し、まともな学校運営を目指す校長を日常的に組織的に糾弾していたことを明らかにした。そのような教職員組合の手法は、本書に描かれている内容とぴったり重なる。教育者である教職員が校長を、結果として、死に追いやったと言える。しかも、教育に携わる官職にあり学習指導要領を守らなければならないにもかかわらず、それを否定し、無視するのは、一止氏が度々指摘するように、明確な違法行為である。しかし、彼らは決して反省しない。

教職員組合の常識とは一体、なんなのか。彼らには規範意識もないのだろうか。

一止氏は書いている。やりきれないのは、「この状況が日本の教育現場で、再生産されながら、何十年も続いていること」だと。まさにこれこそが「本当の悲劇」なのだ。

一止氏は校長退任の日まで諦めずに教員への指導を続けた。遂に少数の教員らの共感を得たのは、校長就任三年目だった。

その一方で、左翼政党の指示の下で活動する教職員組合の面々は、相変わらず聞く耳を持たず、教条的な反日思想に埋没したままである。また、大半の教師は、組合教師の大きな声の前で物言わぬ存在のままである。

常軌を逸した組合の行動に、なぜ大半の教師たちは異を唱えないのか。理由のひとつは、教員の世界が狭いからだと指摘されている。大学を出て教師となる。往々にして日教組的思考が横行する学校現場でその価値観に染められてしまう。一般社会で働くこともなく、それ以外の価値観に余り接しないため、一旦思い込むと思い込みは長く続く。

一方、教育委員会は、現場で起きているこの異常を知っていながら、正そうとはしない。彼らの多くは問題を起こさないことを旨とし、不都合な真実に目を瞑る。信念を欠いた事勿れ主義の教育委員たちがはびこっているのだ。

これでは、本当に日本は滅びる。そう悟って政治が動いたのが約三年前だった。教育関連三法、即ち、学校教育法、地方教育行政法、教員免許法が改正された。

改正では、本書にあるような教職員の暴走を許さないために校長の権限を明確にし、日本を愛し、規範意識を身につけた子供の育成を目指した。一度教員免許を取得すれば、どんな駄目教師でも一生、教師でいられたが、それを十年毎の更新制とした。

無論、法律を変えたからと言って、直ちに状況が改善されるわけではない。本書で再三指摘されているように、教職員組合の教師のなかには、法律違反も厭わない人たちがいるからだ。それでも、法改正によって、教員資格を維持するには講習を受け、教師としての資質を証明しなければならなくなった。結果、野放図な行動は自ずと制限されていくと思われた。

そしていま、私たちは、民主党政権の誕生を見た。新政権は教員免許法を元に戻し、全国学力テストも見直す意向だという。そんな状況だからこそ、国民全員がいま、国家百年の計である教育に注目しなければならない。あるべき教育とは一体どんな教育か。そのことを知るためにも、多くの人に本書を読んでほしいと、私は願う。

おわりに

この本に書いたことはB校特有のことではなく、程度の違いはあっても我が国のどの公立学校でも普通に見られる現象だと言ってよいと思います。

とても残念なことですが、長い間教育界に身を置いた者として、そう断言せざるを得ません。左翼イデオロギーに毒された学校の先生たちは、今も身分を保障されながら法律を守らず、校長の言うことを聞かず、国旗・国歌を冒涜し、国を貶め続けているのです。

「日本は素晴らしい国だ」と言った田母神俊雄氏が航空幕僚長を解任され、国旗・国歌を冒涜し国を貶めている公立学校の先生が処分されないのは、どこか変です。国のタガが外れていると言わなければなりません。自分の国を愛することのできない人たちが学校の先生をしている。国民にとってこれほどの不幸はありません。

記録を取り始めた当初は、国旗・国歌に関する記録がこんなにも大部になるとは夢にも思いませんでした。「話せばわかる」が私の信条であり、論拠を明示して語りかければ、当然受け入れられるものと思っていました。はじめの頃の記録が、会話などの詳細についてあまり触れていないのは、そんな私の思いを反映しています。

しかし、私の予測は見事に外れました。「話せばわかる」の信条が少しずつ揺らぎ始めました。それに伴って記録が徐々に緻密になっていきました。記録漏れの部分も当然ありますので、この記録がすべてというわけではありませんが、できるだけ正確に記したつもりです。

私がどんなに誠心誠意話しかけ、論拠を明示して説明しても、組合活動に熱心な職員を中心に多くの職員は全く受け付けず、こちらの話の中身を理解しようともしませんでした。どんなに話し合いをしても、自分の主張だけをお題目のように繰り返すのです。彼らは言葉では「民主主義」などと言っていましたが、していることはその逆で、議論そのものが成り立たない有様でした。

解剖学者の養老孟司氏は、「バカの壁」という著書の中で、「『話せばわかる』は大嘘」だと言い切り、「自分が知りたくないことについては自主的に情報を遮断してしまっている。ここに壁が存在しています」「『説明』さえすれば全てがわかるように思うのはどこかおかしい」と書いています。結局私は、B校での三年間でこのことを思い知らされることになりました。

また養老氏は、「一生懸命誠意を尽くして話せば通じるはずだ、わかってもらえるはずだ」と思うのは「勘違い」だとも指摘しています。なんだか私に向けられた言葉のように響いてきます。

途中から「話せばわかる」の信条が揺らぎ始め、ついには所属職員を信頼する気持ちさえも褪せていく思いがしましたが、それを必死で抑えながら私は彼らに語りかけました。少しでもわかってくれる職員がいることを信じて語りかける、私にはそれ以外に方法がありませんでした。校長にとって言葉は生命です。「話してもわからない」とサジを投げたのでは、仕事にならないのです。

左翼イデオロギーに身も心も捧げている教職員の心を動かすことはできませんでしたが、そうでない人たちには、私の言葉は少しは響いたのではないかと自負しています。それは、議論の経過から読み取ることができます。そのうちの一人・小森教諭は、私が転勤した数ヶ月後に届いた手紙の中で、次のように述べています。（一部の表現を意味を変えない範囲で修正し、小森教諭の承諾を得て引用しました――筆者注）。

三年間いろいろご指導ありがとうございました。先生の終始一貫したご方針や圧力に屈しない毅然たる態度、明快で論理的な説明に、私は圧倒されました。日本教育界に流れる誤った風潮、一部の傲慢、欺瞞にも歯止めが掛かるように思いました。先生をよき手本にさせていただいて、真似ることから始めようと思っていますが、なかなかそこまでの信念がない自分です。しかし頑張りたいと思います。

転勤先の高校でも、B校と基本的に変わらぬ経験をしました。その二年後、心臓と肺と胃、それに目の病に侵されるなど体調が悪化し、定年を一年残して退職せざるを得なくなりました。医師の説明では、体調悪化はストレスが原因とのことでした。国旗・国歌の取組が大きなストレスになったのは疑いのないところです。

私はまだ良い方です。私と同期のある女性校長は、定年を迎える校長最後の年、入学式前日の職員会議で発言している最中に脳卒中で倒れ、再起不能に陥りました。私より三つも若いある校長は、癌に倒れ、卒業式で式辞を述べた二日後に五十七歳の若さでこの世を去りました。この年度の夏にはもう一人の校長も五十七歳で亡くなっています。私よりも四つ先輩の校長は、定年退職した年の秋に六十一歳で急死しました。このような例は枚挙にいとまがありません。全てがそうだとは言えないかもしれませんが、かなりの比重で国旗・国歌の問題がストレスになったことは想像に難くありません。

教職員から猛反発を受け、とても辛い思いをしましたが、いま私は、彼らを恨む気にはなれません。罪深いのは、このような教職員を作り出した戦後教育だと思います。これは、教育の仕事を四十年近くしてきた者としての自戒を込めた実感です。

多くの学校の先生は、学校しか知りません。一般社会の荒波を知らないという意味で世間知らずと言っても良いでしょう。幼稚園から大学までを学校で過ごし、大学を卒業するとまた学校の先生となって学校の空気を吸います。それだけに、学校の先生たちは学校で受けた教育の影響をもろに体現しています。

戦後教育は、連合軍の占領政策のもとで戦前の我が国を全否定することから始まりました。東京裁判史観を根底にした「日本＝悪玉」論を巧みに織り込んだ教育が進められ、その指導を受けた人たちがたくさん教員になりました。

そして、日教組や共産党の影響を受けた先生たちは、日本の歴史を暗黒に塗りつぶして子どもたちに教えました。こうして育った子どもたちが大人になって学校の先生になり、同じようにまた次の子どもたちをそのように教育しました。国旗・国歌に反対し愛国心を嗤う貧しい精神が、さらに下の世代に受け継がれてきました。日本を貶める教育が繰り返され、今日まで連綿として続いているのです。国旗・国歌に反対する動きが学校の先生たちの間でこそ激しい理由がそこにあります。

現実の社会に一歩踏み出せば、自国の国旗・国歌に反対することのおかしさにやがて気付くはずですが、学校の先生たちは学校という限られた価値観と空間しか知らず、日本人でありながら「反日」のお先棒を担いでいるのです。

不肖私も戦後教育の落とし子であり、教員生活の一時期左翼思想に染まり、国旗・国歌に反対する考えを持っていたことがあります。無知であったことを恥じるばかりです。

当時の校長は誰一人として、私が教職員に語りかけたようなことを言ってくれた人はいませんでした。何を甘えたことをとお叱りを受けるかもしれませんが、語りかけてくれる校長がいたら、もっと早く自分の誤りに気付き、教員としての生き方も違っていただろうと悔やまれてなりません。そんな気持ちから、私は教職員に懸命に語りかけたのでした。ものの道理がわかれば、私がそうであったように彼らもきっと軌道修正ができる、そう信じていました。私が犯した過ちを彼らには繰り返してほしくないという強い思いが心底にありました。

遅かったとは言え、気付くことができた私は幸せでした。教員になる前、私は証券会社や銀行に勤めた経験があります。地方の役場で公務員として働いたこともあります。そのような社会人としての経験が、一般社会では愚にも付かぬような国旗・国家問題のおかしさに気付く上で、役に立ったことは疑いありません。学校の教員にも、これからは一般企業などで一定期間の研修を義務づけることが必要になってくるかもしれません。

思うに歴史を見るに二つの立場がある。一つはこの国を断罪する立場で歴史を見る見方である。もう一つはこの国に深い愛情を持ってみる見方である。普通多くの国は後者の見方で自分の国を見ていることが多い。しかし日本の学校で教えられている歴史は日本を断罪する立場で見ているのではないか。これが日本人が自信を失う大きな原因になっている。

田母神氏は「自らの身は顧みず」の中でこのように述べていますが、まさに至当な指摘だと思います。学校の先生たちこそが、自分の国の国旗や国歌を冒涜し、国家を貶め、自信のない日本人を次から次へと再生産している。これでは日本の行く末は危うくなるばかりだと私は思います。学校の先生の全てがそうだと言っているのでは勿論ありません。

教育公務員としての自覚に立って、立派に職責を全うしている先生たちがたくさんいることを私は知っていますが、本のタイトルをあえて「学校の先生が国を滅ぼす」としたのは、まえがきでも触れましたが、学校の先生たちの責任の重さに目を向けてのことであり、長年教育の仕事に携わってきた者としての深い反省を込めてのことです。

この本が出版の栄に浴することができましたのは、産経新聞論説委員の田中規雄様が私の自主制作本「学校の先生が国を潰す」を「産経抄」で取り上げてくださったのがきっかけでした。田中様は、産経新聞出版社長の皆川豪志様に単行本としての出版の働きかけまでしてくださり、皆川様は、編集の労を厭わず懇切丁寧に指導してくださいました。お二人のお力添えがなければ、この本は世に出ることはありませんでした。この場をお借りして衷心よりお礼を申し上げます。ありがとうございました。また、「産経抄」で紹介された直後から「その本を読みたい」と産経新聞に問い合わせてくださった数多くの方々の温かい励ましも、大きな力になりました。ありがとうございました。

平成二十一年　秋

一止羊大

産経新聞出版の本

上坂冬子の老いの一喝

上坂冬子

6刷

「産経新聞連載のタイトル『老いの一喝』って、いいタイトルでしょ。うん、いいタイトルだ」。病室のベッドで力強くそう言った上坂さん。しかしそれから半月もせぬうちに、「老いの一喝」が「最期の一喝」になろうとは…。病室のベッドで書き上げた最後の原稿〝枝葉末節な禁煙の理由〟(産経新聞)、〝「百年に一度」がどうした〟(正論)も収録した辛口エッセイ33本。反骨精神に裏打ちされた直言、箴言。作家の曽野綾子さんも推薦。

新四六判・並製◇定価1365円　ISBN978-4-8191-1056-3

水の奇跡を呼んだ男

日本初の環境型ダムを台湾につくった鳥居信平

平野久美子

2刷

乾期には干上がり、雨期には洪水を起こす農民泣かせの急流に、環境型ダムをつくった日本人がいた。環境に優しいそのダムは、台湾南部で暮らす20万人の農民の生活を守り、今も人々の生活を潤している。日台の絆となった、その男の名は「鳥居信平」。一人の水利技師の半生を描くノンフィクション。前台湾総統・李登輝氏も推奨する信平の智慧と功績、彼を取り巻く日本と台湾の人々の熱い思いを浮き彫りにする。

四六判・上製◇定価1680円　ISBN978-4-8191-1058-7

〈著者略歴〉
一止羊大（いちとめ・よしひろ、ペンネーム）
昭和18年8月、島根県生まれ。37年3月県立高校卒業後、証券会社入社、39年退社後、私立大学商経学部に進学。在学のまま信用金庫、奈良県内の町役場を経て43年4月、大阪府公立学校教員（「商業」及び「英語」担当）に採用される。高等学校教頭を経て平成10年4月、B校に校長として着任、別の高校校長を経て15年3月退職。現在は無職。

学校の先生が国を滅ぼす

—公立校元校長の衝撃レポート

平成21年11月10日　第1刷発行
平成21年11月18日　第2刷発行

著　　者　一止　羊大
発 行 者　皆川　豪志
発 行 所　株式会社　産経新聞出版
〒100-8077
東京都千代田区大手町1-7-2
産経新聞社11階
電 話　03-3242-9930
FAX　03-3243-0573
発　　売　日本工業新聞新社
電 話　03-3243-0571（書籍営業）
印刷・製本　株式会社　シナノ
電 話　03-5911-3355

ISBN978-4-8191-1072-3　C0095
定価はカバーに表示してあります。
乱丁・落丁本はお取替えいたします。